U0017227

為什麼我們要在意

美國？

US Taiwan
Watch:
美國台灣觀測站———— 著

Why and How the US Matters

目 次

第一部　美國 vs. 台灣

第二部　美國國會吹起一陣風，台灣就挫著等？

第三部　美國的風吹到台灣之後：美中台重大議題

推薦語
了解台美關係，關心全球事務

蕭美琴

台灣駐美國大使

　　台美關係是台灣外交工作的重中之重，隨著國際政經局勢劇烈變化，以及新冠疫情為全球帶來之衝擊，對美工作更是至關重要。我在這樣一個充滿挑戰的時空環境下擔任駐美代表，秉持戰貓的靈活思維，以及外交團隊的努力，積極克服各項內外困難，得到美國政府、國會跨黨派及各界對台灣的堅定支持，讓台美關係能在政治、軍事、經濟、衛生、科技及教育等各領域的合作交流，都能夠敏捷地因應變局推展順利。

　　我要特別藉這個機會感謝美國各界友人所給予的支持及協助，台美關係的良善循環將會為世界帶來正向力量。我也很高興「美國台灣觀測站」於此時出版本書，用心介紹各層面的台美關係，以及從美國觀點描繪對台灣的觀察，相信將能提供讀者更寬廣的視野，也誠盼此書讓更多年輕世代了解台美關係以及關心全球事務。我更期許未來能匯聚全民外交的力量，為台美在各領域的合作帶來加乘互惠的循環助力。

這本書，來得真是時候

范琪斐
資深媒體人

美國台灣觀測站的可心說，美國台灣觀測站要出書了，書名叫做《為什麼我們要在意美國？》，請我為他們寫個序。

觀測站在我們做「范琪斐的美國時間」之「2020 美國總統大選特別報導」直播的時候，幫了很多忙，也是因為觀測站的加入，才能把節目的深度做出來，所以這次聽到他們要出書的消息，我馬上就答應了要寫推薦序。不過讀了書之後，我發現這個序，還真有點難寫。主要是編輯要求的篇幅要一千五百字，但我的心得只有四個字：寫得真棒！

我不是因為跟他們很熟才這樣講，是因為這本書來得真是時候。

非常跟得上時事

美、中、台關係是多麼龐大的議題，解釋起來談何容易，觀測站卻得以化繁為簡、從中梳理出簡明易懂的脈絡，正是因

為平時經營社群，對台灣關切的眉眉角角跟得很緊。而且這本書挑選的角度，會讓大家看了很有感，不會覺得都在講些古時候的事。比如美國自阿富汗撤軍，引發台灣「疑美論」的爭辯。當時我看很多文章，都是直接就進入「美國到底能不能信任」的爭辯。但《為什麼我們要在意美國？》這本書不一樣，在 2021 年 8 月阿富汗相關新聞在台灣燒起來、許多人喊著「今日阿富汗，明日台灣」之前，這本已完稿的書中就已經有一個篇章，把疑美論的定義脈絡跟爭論點講得很清楚。能如此切中國際局勢的要點，除了主筆們本身的學術訓練之外，平常在網上跟網友筆戰豐富的經驗更多有助益，所以結構嚴謹，筆觸又很犀利。

　　當然，疑美論不是今天才開始有的，我自己的立場也跟作者群的立場有一點點不同，但我還是在閱讀這本書的過程中有很多收穫，在寫相關報導的時候，心中對「疑美論」的基本架構也更加清楚。從上述這幾點就可以看出，這個團隊對新聞、國際情勢的嗅覺有多靈敏。

從台灣視角出發

　　我承認我以前看的與美、中、台關係相關的分析，大多都以老外寫的為主。例如：卜睿哲、葛來儀、包道格等人。一來，這些人我在美國都訪過很多次，二來，這些學者的論點總有點旁觀者清的味道。我一直都很期待，可以看到台灣學者自己做的分析。《為什麼我們要在意美國？》的三位主筆陳方

隈、李可心、李昱孝，都是剛從國外念書回來的年輕學者，所學的觀點新穎，擁有滿腔熱忱，而且看美、中、台關係，又都是從台灣的角度出發，跟我看老美寫的，出發點很不一樣。

此外，他們三個人出身學術的背景，也讓他們書寫時運用的資訊很紮實，很平衡。對台灣好的，他們明白指出；對台灣不好的，他們照說不誤。比如，書裡講到《台北法》，說這是美國以國內法的形式來關切，甚至是保護台灣的外交地位，而且這是美國首次明確指出，要幫助台灣取得國際組織的會員資格或觀察員地位，對台灣來講意義重大。但另一方面，作者們也指出《台北法》這個法案的局限：它仍然沒有強制行政部門必須在一定時限內達成什麼目標。觀測站成員如此寫，不是在唱衰台灣，而這是點出這個法案的不足之處，希望台灣將來往「讓該法案在時限內達成一定目標」的方向努力。

台灣年輕人的觀察

我很喜歡跟台灣年輕朋友們合作。很多年輕朋友會很客氣的說我提攜後進，但真的不是這樣子。

事實上，是我從他們身上吸了很多養分，很多時候，是他們拉著我這個老人往前走。

年輕朋友的觀點，常常受我這個年齡層的朋友質疑。他們常常說：「這些屁孩對國際情勢能了解多少？不過是些鍵盤手。」

我想，只要他們來看看這本《為什麼我們要在意美國？》，

就會知道這些「屁孩」對國際情勢下了很多苦功，而且不但了解，觀察還很細膩。光是本書第一章的〈台美外交簡史〉，裡面寫到的有些事，連我這個在第一線報導的人，都發現很多細節是自己以前不知道的。

我們可以的

　　觀測站出這本書的目的，就是在講台灣現在的處境，面對中國的威脅，我們的確很需要美國，但要跟美國合作，就要了解美國，才能知道要怎麼樣跟美國合作。

　　我在美國學到的一課，是不要害怕請求幫助。你不開口，沒有人會知道你需要幫助。但請求幫助之前，自己要先做功課。你要想清楚：我需要什麼？對方可以給我什麼？你自己的計畫愈仔細，愈了解對方，才會知道對誰要用什麼方法、可以要什麼。天下沒有白吃的午餐，所有的資源都要用在刀口上，這樣拿到的資源才會精確，才會是你真正想要的，而不是對方想給你的。如此一來，你對計畫的方向才能有所掌控，才不會到最後，自己變成了傀儡。

　　而這正是為什麼，這本書要介紹美國的對台、對中政策，要介紹美國組織架構、介紹美國的外交政策怎麼生成、介紹美國的國會怎麼運作。這都是為了讓我們搞清楚美國的操作模式，謀定而後動。

　　我在這些年輕朋友的身上，看到的是他們對台灣的未來充滿著熱情與信心。中國很大，台灣很小，但台灣不是沒有出

路，我們可以的。

　　「疑美論」的核心，懷疑的不是美國。抱持「疑美論」的人們，他們真正懷疑的，其實是台灣有沒有保衛自己的決心。

靈活的外交仰賴成熟的民意

王宏恩

內華達大學拉斯維加斯分校政治系助理教授

了解自身，了解當下

在 2021 年夏秋之際，這本《為什麼我們要在意美國？》的出版，無疑扮演著帶台灣民意認真討論美、中、台關係的使命。

近年，中國對內打壓加劇、對外加速擴張，同時，2022 年即將舉辦確認習近平是否會續第三任國家主席的二十大會議；美國拜登在 2021 年上任後，延續許多川普政府的對中政策，繼續維持關稅政策，同時透過動員亞洲與歐洲的夥伴而讓台海問題國際化；而台灣除了年底的美豬公投，也在 5 月底疫情爆發後收到了美國捐贈的疫苗，此外，拜登政府還通過了第一筆對台軍售案。在這幾年之間，美國、中國、台灣各自決定怎麼走，都將會改變過去四十年存在，卻愈來愈不可能維持的現狀。

過去，台灣民眾對於美中台關係乃至於對國際情勢，常常同時抱持著要嘛望自菲薄，要嘛妄自尊大的心理──要是沒

有成為世界的中心，彷彿就只剩被丟到世界邊陲的命運。這點從中華民國敘事的歷史來說，倒是可以理解，畢竟中華民國一開始可是頂著二戰戰勝國、代表全中國的名號，到用美援麵粉袋做內褲、用美援金流與科技建構十大建設與產業轉型，走到忽然與美國斷交、退出聯合國、失去上百個邦交國。因為這樣的背景因素影響，每當聽到美中台關係，台灣民眾的反應常常是「美國都只為自己利益啦」、「沒有立刻宣布建交就是騙票啦」、「小國就是大國的棋子啦，認命吞下去」之類的哀嘆。但事實上，這世界上本來就有大國有小國，而且並不是大國崛起後小國就得被併吞，這樣的觀點在二次世界大戰後就已經不流行了。其實不管就人口、經濟，還是表現來看，台灣都絕非小國，而無論是真心崇拜虛無主義或仍對美國的背叛懷恨在心，在 2021 年這個重要的時間點，台灣民眾更應該清楚的知道：我們該在當下做什麼決定？而這就是本書的重點所在。

補足欠缺的視角，奠定討論基礎

　　《為什麼我們要在意美國？》這本書的編排是為了讀者而循序漸進架構的。開頭概述整個美中台關係的歷史，接著進入各事件、公報、法律的分析。在記住這些名詞之後，作者們再進一步開展，敘述這每一個公報、法規的立法過程，帶出各個對美中台關係有重要影響力的美國機構、組織與歷史，讓讀者了解美國不同單位、不同群體、不同政治人物對於台灣議題的思考與判斷，清楚的知道每一個決策背後的動機，以及每一個

對台政策與法規成案或改變的契機。最後，本書帶著已經具備
上述知識的讀者，一起探討近年來台美之間的重大議題，包括
美豬、貿易、南海爭議等。在讀完書的前半部對歷史面、組織
面的鋪墊之後，相信讀者能夠更全觀地思考這些近年來美中台
之間的重大議題，知道每一個美國或台灣的決定都會對另一邊
的哪些人造成影響，又會有什麼長期後果或政治意涵？更重要
的是，也會知道假如自己想一起投入，努力推動相關討論與行
動，該從什麼角度切入？

　　除了深入淺出，另外值得嘉許也實屬難得的是，這本《為
什麼我們要在意美國？》是由台灣人與台裔美國人所組成的團
隊親身參與且共同編寫完成，是一本以台灣視角出發，觀察與
詮釋美中台關係的書。筆者自己在美國開設亞洲政治以及亞洲
外交等課程，教授美國的大學生，在美國備課時，大部分能找
到的授課教材，都是以美國或是以中國作為出發點，因此都強
調美國或中國視角的利益或衝突所在，台灣往往是放在中國政
治課本下的一個章節而已，少有完整而連貫的論述。《為什麼
我們要在意美國？》整理了與台灣相關的各法案、台美外交大
事記與遊說團體，以及美國考量台灣的各種方式，大大補充了
現有教學內容與視角的不足之處。

推動觀察與實踐的工具書

　　看完這本書的前半部，許多讀者腦中可能會塞滿了美國近
年來各總統、組織、政黨、行政部門，甚至智庫之間彼此衝突

或辯論的片段。於是你會發現，所謂「美國只為自己的利益」只是一種不精確的抱怨，無助理解事實，更無法推動改變。美國每一個對台重大政策，都是多方折衝、基於不同信念「談」出來的，並且會隨著實踐與觀察來更新，尤其是中國與台灣的反應。此外，除了兼顧各方看法，所謂的「美國利益」四個字，不但隨人不同，也隨時期不同，這也是為什麼本書提到了華爾街遊說團、台灣 FAPA 遊說團等努力的歷史，因為政治是可能的藝術。在所謂的大國交往之下，如何透過法規、經濟、選票、道德來撐出屬於台灣的空間，前線外交官如何在紅線底下尋求突破，這些努力過的痕跡與累積，從來就不該被大國交往的敘事籠罩，而唯有國內民意充分地理解、給予支持，前線人員們才有足以突破的奧援。

　　對於身處美中之間的台灣人來說，進一步理解美國、中國在外交上的考量上是十分重要的，尤其是重要名詞與歷史事實的記憶與傳播。舉例來說，中國在國際宣傳上刻意混淆一中原則與一中政策。這時候，台灣民眾到國外旅遊、坐計程車，當外國司機忽然問起這兩者的差異時（筆者就遇到三次以上），要是每個台灣人都可以清楚說明（中國的）一中原則跟（每個國家自己訂的）一中政策的不同，那麼會大有助益。但政策與發展如此複雜，有時我們並非故意不記，而是難以釐清，甚至是忘了，該怎麼辦呢？相信《為什麼我們要在意美國？》透過關鍵字、歷史與事件的編排方式，能成為實用的工具書，讓台灣民眾得以清楚表達台灣的現狀與欲追求的未來，無論是在國

外計程車或者在英文網路論壇上，一旦有需要，隨時都能拿起來參閱。

民主小國的靈活外交

　　《為什麼我們要在意美國？》一書對於美國與台灣關係的充分介紹，也將在讀者閱畢整本書之後，成為大家按圖索驥、繼續深究鄰近各國國際關係的基礎。我們得以藉由這本書的提點，思索更多問題。比如說，假設台灣跟日韓菲一樣有美國駐軍，是利是弊？為何台灣不能跟新加坡一樣畫戰略等邊三角形（新加坡應該沒有面對反分裂法）？為什麼當中國放出中菲合唱對抗肺炎成功的音樂錄影帶時（歌名是〈我們的海〉〔One Sea〕），會引起菲律賓民眾痛罵？為什麼贈送疫苗給台灣的立陶宛、捷克，國家再小也要抗中？為什麼台、泰、港、印、緬，會在2020年4月之後，組成奶茶聯盟（#MilkTeaAlliance）？這些議題不僅環環相扣，還都跟台灣緊密相連。此外，本書提供的知識與分析架構，更可以用來對照著看鄰居們與美國互動的情形與結果。

　　身為小國民眾，我們沒有缺乏國際觀的本錢，所有人都得是代表國民外交出擊的調查兵團。

　　民主小國要有靈活的外交，而靈活的外交仰賴成熟的民意、充分的國際觀與思辯。相信本書會是一個良好的討論基礎，讓台灣人一起在這個關鍵的時間點上，討論屬於我們的下一步。

了解台美共享民主價值，實踐公民外交

趙怡翔

前台灣駐美國代表處政治組組長、
美國安全戰略暨國際研究中心兼任研究員

　　2021 年 8 月 26 日，美國智庫「芝加哥全球事務委員會」公布了最新的民意調查結果。自 1982 年以來，首次有過半數美國人願支持美國在中國侵台狀況下，派軍協防台灣。這份民調執行時間正是美國撤離阿富汗當下，彰顯台灣在美國人心中的相較地位，並意味著過去被視為僅在華府菁英圈所討論的台美關係，現已進入美國主流意識。

　　這份民調的結果代表什麼？它反映美國願無條件支持台灣採取國家正名等較積極的作為嗎？或是僅代表美國政府將延續數十年來的「一中政策」以及該政策所帶來的「現狀」？到底美國政府的外交政策是如何制定的，又將會如何影響台美關係呢？這些問題對所有台灣人都很重要，也正是《為什麼我們要在意美國？》這本書力圖回答的。

　　且讓我先簡短分享一下自己的觀察。我曾在 2019 年至 2021 年擔任駐美國代表處政治組組長。回顧這段日子，我與

同事一同經歷了台美關係上的許多變化。我們看到自 1979 年以來最高層級的美國閣員及國務院官員訪台、「六項保證」解密，以及國務院放寬台美交往準則。在各方面，美方都更願以行動支持台灣的防衛及國際空間，不過其中也有挫折，尤其在我們未能於《台美自由貿易協定》上取得正面發展。

很多人好奇這些進程的背後動力為何？有些人揣測是因為美中競爭，甚至有政治人物認為美方將台灣視為談判籌碼，隨時可能犧牲台灣的利益。其實這些假設皆與事實差距甚遠。以我在華府的經驗來看，台美雙方關係進步的關鍵原因是：對美國來說，支持台灣愈來愈符合美國的價值與利益，以及雙方對區域環境擁有更清楚的共同認知。

價值觀向來是美國外交政策的核心。例如，拜登總統在上任後兩週，就在第一個外交政策演說時清楚指出：「我們的外交必須從在美國最珍視的民主價值觀開始：捍衛自由、推動更多機會、維護普世權利、尊重法治、尊重每一個人。」此外，新任國務卿布林肯在 2021 年 3 月 3 日演講時也強調：「拜登政府的外交政策將反映我們的價值觀。」歷任美國政府的認知也大致雷同。

近年來，我們可以觀察到兩大趨勢：中國的社會價值與美國的差距愈來愈大，台灣則愈來愈靠近。在鄧小平及江澤民時代，中國的經濟確實曾經朝開放路線前進。當中國在 2001 年 12 月加入世界貿易組織時，西方國家對其抱有高度期待，認為中國的經濟自由化將帶來政治改革，而政治改革將使中國朝

向西方國家的發展路線邁進，不過自從習近平上任後，已經徹底改變這條軸線。習近平力圖強調「新時代中國特色社會主義思想」，加深對言論、網路、教育等領域的控管，打擊大型私人企業及社會上具有影響力的意見領袖。在他領導下，中共不再對香港展現耐性、終結了「一國兩制」的承諾，並在新疆實施違反基本人權的集中營，且不斷使用武力威脅周邊國家，尤其是讓台灣海峽的局勢變得更緊張。一舉一動，皆使中國離普世價值愈來愈遠。

　　相對地，台灣在 2016 年蔡英文當選總統後的外交路線則很清楚：台灣是全球民主社群的關鍵一員，而且站在自由世界與威權主義衝突的最前線。目前台灣對中國的立場也很堅定：台灣盼與對岸和平相處，不排除任何溝通的機會，也不會主動挑釁兩岸關係。但同時，台灣會堅持自己的民主與生活模式，不可能成為下一個香港。此立場不但符合台美共享價值，更與美方倡議的利益相近。

　　這段時間以來，台灣坦然地面對來自中國的挑戰，這樣的立場不但使台灣民眾更了解兩岸關係的本質，也給予台美雙方更大的合作空間：正視中國對台灣的軍事威脅現況，開啟了更多軍事方面的合作；了解中國的假訊息戰，使雙方成立討論媒體識讀的新平台；看清中國對台灣國際空間的打壓，則強化了台美共同維持邦交關係的各項作為，以及在現有國際組織上的角色。

　　這些發展不但強化了台美雙方合作的基礎，更使美國政策

制定者願意跳脫過往強調以低調處理台灣事務的立場來思考台美關係，將如何協助台灣維護其現有的自由、民主及生活模式作為新的出發點。對台灣而言，這當然是我們極歡迎的變化。

回到許多人最關心的問題，台美關係的這些正面發展是否能持續？美國對台灣的支持到底能到什麼程度？其實，這些問題不是完全能由我們來代替美方回答，畢竟這涉及美方自身的考量。但我認為，只要是符合雙方價值與利益的發展，都有可能發生。雖然說這樣的條件很可能不包括一些具有高度風險的大幅度政治改革，但雙方更投入台灣現有民主、自由體系的維護與進展，則是絕對包括在內的。

最後，讓我們再來回顧「芝加哥全球事務委員會」的民調。雖然多數美國人願在特定條件下協防台灣是很亮眼的新聞標題，但我覺得更值得關注的事情隱藏在報告當中：高達六成美國民眾將台灣視為美國的盟友或夥伴，對台灣持有負面認知的人則少於 6%。我相信，前者的數據應該是歷年來最高，而且這數字很可能高過美國民眾看待許多正式盟友國家的比例，這也彰顯了台美關係是一個享有濃厚民意基礎，而且絕對有持續力的雙邊關係。

這份民調告訴我們，現在有愈來愈多美國人了解台灣、清楚台美關係的重要性。相對來說，身為台灣人，我們也有義務更了解美國，以及他們對區域情勢的看法。我個人因此非常推崇「美國台灣觀測站」，在過去幾年來，他們就是扮演這個關鍵角色，清楚、明瞭地向台灣民眾解釋美國的各項發展。這就

是公民外交的最佳實踐。

　　美國台灣觀測站出版的《為什麼我們要在意美國？》，仔細分析了台美歷史演變、美中關係轉折，以及台美的各項合作項目，是每位關心台灣外交、台美關係的人必看的一本書，也是必上的一堂政治、外交、國際、自我認知的課。

台美關係歷年大事與法案年表

1972	美國總統尼克森訪中，與周恩來簽署《上海公報》。 尼克森表示「中國不改變的話，這個世界不安全」。
1979	台美斷交，美國通過《台灣關係法》。
1982	美國與中國簽署《八一七公報》、提出「六項保證」。
1988	李登輝就任台灣總統。
1993	柯林頓就任美國總統。
1994	美國推出第一個《台灣政策檢討》。
1995	李登輝訪問康乃爾大學。首次 TIFA 會議。
1995 — 1996	台灣海峽飛彈危機，美國派遣航空母艦戰鬥巡弋。
1997	台海關係納入《美日安全防衛合作指針》。
1998	美國通過《加強台灣安全法案》。 美國總統柯林頓發表「三不政策」，表示美國不支持台灣獨立、不支持一中一台、不支持台灣加入主權國家組成的國際組織。
2000	美國通過《美國在台協會設施加強法案》。 陳水扁就任台灣總統。
2001	小布希就任美國總統。 發生 911 襲擊事件，美國戰略轉向「反恐戰爭」。
2002	陳水扁提出「一邊一國論」。
2003	台灣推動是否參與世界衛生組織的公投。
2004	美國國務卿鮑威爾訪問北京，於訪問中表示台灣「不是享有主權的國家」。

2008	馬英九就任台灣總統。
2009	歐巴馬就任美國總統，並於年底訪問中國，簽署「美中共同聲明」，指出美方承認、尊重中國對保持主權與領土完整的核心利益。
2015	台美簽署「全球合作暨訓練架構」。
2016	蔡英文就任台灣總統。 12 月，蔡英文與美國總統當選人唐納·川普通話。
2017	唐納·川普就任美國總統。
2018	美中貿易戰開始。美國通過《台灣旅行法》。
2019	美國通過《台北法》，關切台灣外交夥伴。美國國防部發布《印太戰略報告》，提及台灣為美國在印太地區可信任、有能力且當然的夥伴。台灣國安會祕書長李大維赴美會晤美國國安顧問波頓。台灣駐紐約辦事處徐儷文大使進入聯合國參加會議。
2020	美國通過《台灣保證法》。美國國務卿龐培歐於演講中表示「中共不改變，全球不安全」。蔡英文政府宣布擴大開放含萊克多巴胺的美豬進口。
2021	喬·拜登就任美國總統。川普國務卿龐培歐卸任前宣布解除國務院對台交往內規，後由布林肯國務卿提出新版本，大幅放寬台美間的官方交流限制、三位美國議員來台訪問。美國贈予台灣 250 萬劑 COVID-19 疫苗、參議員盧比歐再次提出《台灣關係強化法案》。美國眾議院通過《確保美國全球領導地位及參與法案》。白宮國安會正式定調終結對中國的「交往政策」。

第一部
美國 vs. 台灣

第一章

眾所皆知卻罕為人知──台美外交簡史

　　1978 年 12 月 16 日凌晨 12 點 30 分，七海官邸的燈在剎那間點亮了。

　　「安克志大使緊急求見！」時任總統府祕書兼新聞局副局長宋楚瑜叫醒熟睡中的蔣經國總統。2 點 15 分，安克志（Leonard S. Unger）抵達官邸，首先表示深夜求見的歉意後，開始宣讀美國總統卡特（Jimmy Carter）的通知信。七小時後，美國宣布與中華民國斷交，並自 1979 年 1 月 1 日起與中華人民共和國建交，承認「中華人民共和國政府代表中國」。就這樣，美國與中華民國關係瞬間降級至非官方。[1]

　　在華府，台美人和僑胞紛紛走上街頭抗議；在台灣，民眾的抗議聲也不斷。12 天後，美國副國務卿克里斯多福（Warren Christopher）帶著代表團來台商討雙邊關係的未來，台北市

1　謝佳珍、林淑媛，〈40 年前那一夜　台美風雲變色危機 7 小時〉，中央社，2018. 12.15：https://www.cna.com.tw/news/firstnews/201812155002.aspx。

民權東路與中山北路更是擠滿了抗議群眾，朝代表團的車隊
潑漆、丟雞蛋。但民眾強烈、憤怒的表態也無法逆轉斷交的
決策。事實上，斷交早從 1960 年代中國與蘇聯嫌隙擴大後就
開始醞釀、發酵，1971 年時任白宮國安顧問的季辛吉（Henry
Kissinger）祕密訪華，到 1972 年尼克森總統與周恩來簽署
《上海公報》、美國第一次對中國的「一個中國」說法「不提
異議」（not to challenge），都預示了台美關係的動搖。

　　很快地，台北的駐美大使館變成民間機構「美國在台協
會」〔American Institute in Taiwan, AIT（下稱 AIT）〕，[2] 美國對
台的外交活動，包括雙邊的外交人員會面、會面層級、交流活
動等，隨後加上諸多限制。面對台美關係的下一步，國務院
在 1979 年 1 月 26 日向國會提出了「台灣綜合法案」（Taiwan
Omnibus Bill S.245），不過值得慶幸的是，由於國會議員們認
為內容對於台灣的實質承諾太少，只有提到美國與台灣的非官
方關係，未提及對台的安全防禦，因此參、眾議院也重新起
草，修正、強化、加入安全條款，提出我們現在熟知的《台灣
關係法》（有關《台灣關係法》內容請參閱第七章），並火速
在兩院高票通過，讓卡特總統縱使不滿也無力否決，成為至今
美國主要的對台方針與依據。

　　過去四十多個年頭中，台美關係就在這個由《台灣關係
法》建立起的大框架下演變成如今的樣貌，不僅見證國際局勢

2　台灣當局則在美國設立「北美事務協調委員會」（CCNAA）作為對等機構。

與美中戰略關係的變化，更體現了台灣在國際上的奮鬥與艱辛。接下來，就讓我們從卡特之後的雷根總統說起。

◉ 雷根－老布希時期（1981-1993）：以抑制蘇聯為第一優先

1980 年美國總統大選立場反共的共和黨籍雷根（Ronald W. Reagan）當選。對台灣而言，這可是個天大的好消息，因為斷交時，雷根曾大力呼籲國會支持高華德（Barry Goldwater）參議員控訴卡特未經國會同意、單方面與台灣斷交。競選期間接受美國華語電視台專訪時，雷根也表示：「我們不認為因為要結交新朋友，就必須拋棄一位老朋友」，[3] 甚至提出要與中華民國恢復邦交。不過很快地，台美復交的期盼落空。不僅如此，在國務卿海格（Alexan der Haig）的推動下，美國與中國簽署了《八一七公報》，其中提到美國會逐步減少對台灣的軍售，出售的武器性能和數量也上不會超過中美建交後幾年的供應水準。為什麼會有如此轉變呢？要釐清，就不得不再回過頭來看當時美國圍堵蘇聯共產勢力擴張的外交處境，以及台灣與華府政策圈內的多重情勢。

雷根上任時，南美的尼加拉瓜被左派「桑定民族解放陣線」（Frente Sandinista de Liberación Nacional, FSLN）掌握；

3　Annelise Anderson, Martin Anderson, and Kiron K Skinner. 2003. *Reagan: A Life In Letters*. New York: Free Press, p.525.

在中東，伊朗被反美的魯霍拉‧何梅尼（Ruhollah Khomeini）控制，蘇聯也入侵阿富汗，這時的美國除了擴充軍備、更新武器，還需要想辦法加強與反蘇聯盟抗衡蘇聯和其附庸勢力。此時的中國剛結束文革且與美國建交，漸漸崛起，不再處處依靠蘇聯；面對當時為共產國家的波蘭戰後規模最大的罷工浪潮，美國也需要中國的表態以避免蘇聯介入鎮壓。[4] 與此同時，已取得永久居留權的旅美數學博士陳文成遭殺害，引起美國對台灣威權統治的高度關注，再加上相當親台的國家安全顧問艾倫（Richard Allen）又因為收賄而辭職，種種的因素加成，使得主打反共的雷根最終轉向了國務卿海格的「聯中抗蘇」路線，並讓海格開始交涉、與中國擬定 1982 年《八一七公報》的內容，透過解決卡特時期擱置的對台軍售爭議，拉近美中的距離。

　　公報的內容引來批評聲浪，不過根據時任 AIT 處長李潔明（James Lilley）2003 年發表的回憶錄，「雷根一直到最後一分鐘才體會《八一七公報》的嚴重性」。或許是出於後悔，以及對台灣的好印象，[5] 雷根透過李潔明向蔣經國總統說明美國對台軍售的立場，表示不會做大方向的調動，也不會順應鄧小平「在一定時期內終止（對台）軍售」的要求，並在 8 月 17 日在

4　卡中佩，〈川普高調嗆中保台，能擺脫過去美中合作的魔咒？〉，報導者，2016.12.12：https://www.twreporter.org/a/opinion-trump-one-china-policy。

5　李潔民《回憶錄》指出，在他即將啟程到台灣去擔任台美斷交後的美國駐台灣最高官員時，雷根以總統的身分告訴他：「我只想讓你知道，我喜歡那裡的人民。」

與中國時任國務院總理趙紫陽簽訂《公報》的同時，對台提出「六項保證」，表明不會停止軍售、軍售前不會諮詢中國、不會施壓台灣與中國談判、不會修改台灣關係法等原則。

這也成為一中政策的重要內容。而美國國會方面，在台美人的推動下，1981 年 10 月先是通過了修正案，禁止美國銷售或提供軍事援助給恐嚇或騷擾美國人民的國家，[6]以防止類似陳文成的事件發生，接著又通過另一個修正案，修改斷交後的移民規定，將台灣的移民配額從中國獨立出來。這些行動一方面推動了台灣的民主進程，另一方面確保了台灣人和台美人的權益，並區分中國與台灣。

到了 1989 年，雷根以 68% 的支持度卸任，副手老布希（George H.W. Bush）勝選接任。1971 年中華民國退出聯合國時，時任美國駐聯合國大使的老布希就出手聲援、力主保留中華民國的席次，老布希入主白宮之際蘇聯已搖搖欲墜，「聯中抗蘇」的戰略需求降低，再加上同年發生了震驚世界的「天安門事件」，因此老布希將在任內深化台美關係的希望成為許多人的期望。然而，老布希反而是讓美中關係更上一層樓的重要推手。在 1974 年出任美國駐北京聯絡辦事處主任期間，老布希與中共領導人建立起情誼，回美國後，多次提到美中關係是世界上最重要的雙邊關係，而且相信中國的發展有益於美國，

6　第九七會期，四三四號修正案：https://www.congress.gov/amendment/97th-congress/house-amendment/434?s=3&r=2。

更強調中國不是美國的敵人。[7]

　　1989 年 6 月 4 日天安門事件爆發，攝影記者魏德納（Jeff Widener）拍下的「坦克人」（The Tank Man）照片在美國激起一片譁然。在人道組織與國會要求懲戒中國的反人道行為要求中，美中關係陷入危機；國會咎責中國的聲浪一直維持到 1991 年，現為美國眾議院議長的裴洛西（Nancy Pelosi）當年就曾親赴天安門前舉白布條抗議，還提出《美中法》（United States-China Act of 1991），規定若中國不改善人權狀況，就不給予最惠國待遇。[8] 只不過，行政單位的態度就不太一樣了。老布希否決了參、眾兩院皆通過的《美中法》，而且縱使備受批評，也只對中國進行有限度的制裁。在六四天安門事件過後的不到三年內，美國延長了中國的最惠國待遇、派國務卿貝克（James A. Baker III）訪問中國，還取消全部制裁措施，中國則是在聯合國安理會投下出兵科威特的棄權票，回覆美國的善意，並在 1992 年派國務院總理李鵬訪美。美中關係就在這樣一來一往的相互退讓中，恢復至天安門事件前的友好狀態。

　　台灣人對老布希的「親中」行為可能很不是滋味，尤其美國貿易上的親中政策更推進了中國的發展，對台灣的經濟造成

7　布希中國基金會：https://bushchinafoundation.org/u-s-china-relations-legacy/。

8　中國流亡商人郭文貴曾爆料，六四事件後裴洛西多次在中國抗議而被中國公安逮捕，有一次還被粗暴地關在廁所旁邊。當年裴洛西提出的該項法案獲得跨黨派的支持，在眾議院獲得 150 位眾議員連署並順利通過，但後來被老布希總統行使「否決」後，國會再次投票，並未能通過駁回否決的門檻。裴洛西至今總共連署 27 項台灣相關法案。

深遠影響。但老布希在當時並沒有把台灣當作提升美中關係的犧牲品。他固守《台灣關係法》承諾，在任期尾聲時甚至通過了直至目前金額最高的軍售案：銷售包括 150 架 F16 戰鬥機、愛國者飛彈等（只是這個軍售案被批評為是獲取德州選票的選舉工具）。選舉結束、卸任後一年，老布希還與夫人芭芭拉（Barbara Bush）來台灣訪問 3 天，期間鼓勵台灣積極參與亞太經合會（APEC），並表示支持台灣盡快加入關稅暨貿易總協定（GATT）。換句話說，台美關係的進展雖然在老布希任內大不如美中關係，但老布希同時進行的友台行為，進一步將美國的對中政策與對台態度脫鉤。

接下來，在選舉中贏過老布希的，正是在總統大選時痛批老布希「擁抱北京屠夫」（coddling the butchers of Beijing）的柯林頓。

柯林頓－小布希（1993-2009）：大起大落

柯林頓總統就任時蘇聯已解體，美國成為國際上的唯一霸權（hegemon），削弱了華府聯中制蘇的理論基礎。不過，隨著中國改革開放帶動了經濟的發展，尤其在 1990 年代初期開始推動出口導向的經濟政策，美國企業界開始將目光轉向中國的龐大商機和市場，取代原先的地緣政治，成為華府看待、擬定中國政策的考量。

與前兩位總統相比，原為阿肯色州州長的柯林頓並沒有在

外交機構任職或駐外的經驗，不少觀察家認為柯林頓政府的外交決策經常優柔寡斷、前後矛盾，[9]而這也反映了他在於經貿發展與民主人權間的抉擇掙扎。上任之初，柯林頓一改老布希的對中態度，祭出第 12850 號行政命令，有條件給予中國「最惠國待遇」迫使中共改善人權狀況；[10]同時由於中國向巴基斯坦出售飛彈、西藏議題上的衝突，美中矛盾升級。台灣方面，台美關係因為柯林頓以「民主擴張」（democratic enlargement）作為外交準則，[11]民主轉型上頗有進展的台灣，在柯林頓執政初期與美國有不錯的外交互動進展。柯林頓就多次在重要場合中提到台灣的民主成就，甚至在剛上任的一場酒會與駐美代表丁懋時晤談、代表轉達對李總統的問候，還在亞太經濟合作會議（APEC）上會晤時任經建會主委的蕭萬長，另外國務卿克里斯

9　Emily O. Goldman and Larry Berman, 2000. "Engaging the World: First Impressions of the Clinton Foreign Policy Legacy," in Campbell Colinand Bert Rockman (eds), *The Clinton Legacy*. New York: Chatham House, p. 226.

10　這項行政命令開出的七項條件可以分為兩類：一類是強制性的條件，包括中共必須使其國內民眾有移民的自由、恪遵 1992 年美「中」監獄勞工協定等兩項；另外一類則是非強制性的條件，包括採取步驟遵守《世界人權宣言》、釋放宗教犯與非暴力政治犯並提供相關資料、保障犯人的人道待遇、保護西藏特有的文化與宗教、允許國際電台與電視在中國大陸播放。中共的 MFN 是否能在 1994 年順利延展，端視其能否達到該兩項強制性的條件，以及在五項非強制性條件中，有無「全面、顯著的進展」。

11　Douglas Brinkley, 1997. "Democratic Enlargement: The Clinton Doctrine." *Foreign Policy*. 106: 111-127. 1993 年 6 月 14 日在維也納「世界人權會議」的演說中表明：「兩個世紀以來，美國人民發現，推進民主和人權，既符合我們的信仰，也有利於我們的實質利益。」而其中的實質利益，指的就是「推進民主是增進安全的前線，一個民主的世界將更為安全」。

多福（Warren Christopher）更在參議院的聽證會中承諾將「繼續設法提供台灣足以維持軍事能力的武器」。[12] 然而，不管是堅持人權至上的對中態度，或是基於民主進展的對台友善，都很快地有所轉變。

1993 年中國在人權議題上表現出零星的進展，例如釋放中國異議人士等等，到了同年的 5 月 12 日，三百多家美國公司和貿易協會又發表連署信指出停止提供中國「最惠國待遇」所造成的負面影響。[13] 中國的人權出現「些許」進步以及美國國內利益團體的壓力，讓柯林頓在 9 月接受了國家安全顧問雷克（Anthony Lake）的建議，對中改採「全面交往」（comprehensive engagement）政策，並在隔年 5 月柯林頓將人權與貿易脫鉤，而美中關係因此很快地緩和。

至於台美關係，在柯林頓時期，推出了第一個《台灣政策檢討》（1994 Taiwan Policy Review）、李登輝總統成功赴美訪問母校康乃爾大學，在 1995-1996 年的台海危機爆發時，美國也出動航空母艦協防。表面上，台美關係似乎在柯林頓時期有些重大推進，但若深究以上的事件，卻都是台美關係的雙面刃。首先是美國國會因應台灣民主的進展，要求柯林頓政府發表的《台灣政策檢討》，期望推進台美關係。報告中同意台灣

---

12 涂志堅、唐欣偉，〈從總體觀點看柯林頓政府時期的美「中」台戰略三角〉，《遠景季刊》第 2 卷 2 期：181。https://www.pf.org.tw/files/5390/3F560339-82D3-4D16-9F36-1092D8BC0A6A。

13 Daniel C. Turack, Clinton Administration's Response to China's Human Rights Record: At the Half-Way Point, 1995.

方面的要求，將「北美事務協調委員會」更名為「駐美國台北經濟文化代表處」（Taipei Economic and Cultural Representative Office in the United States, TECRO），不過卻受到不少挺台或保守派的組織團體批評，是為台美關係添加限制。[14] 例如提到支持台灣加入「不以主權國家為單位」（do not require statehood）的國際組織，而這樣的限制並沒有出現在《台灣關係法》或先前的政策聲明，又或者指出台灣高層官員只能以「過境」（transit only）的情況下進入美國，而且不得從事任何公開活動（public activities），而這項限制很快就在李登輝的訪美要求中展現出來。

當年李總統訪問母校康乃爾大學之旅，可以在白宮反對的情況下成行，無疑是美國國會的功勞。國會首先在 1994 年通過《移民與國籍技術修正法》（Immigration and Nationality Technical Corrections Act），其中要求美國政府允准台灣的總統或其他高階官員有條件地申請訪問美國，隔年 3 月，眾議院又再提決議案，[15] 敦促柯林頓總統「立即表示美國將歡迎李登輝總統回母校康乃爾大學的私人訪問，也歡迎李總統停留阿拉

---

14 Stephen Yates, 1998. The Heritage Foundation. Promoting Freedom and Security in U.S.-Taiwan Policy. 1998.10.13. https://www.heritage.org/asia/report/promoting-freedom-and-security-us-taiwan-policy

15 H.Con.Res.53，內容如下：Expresses the sense of the Congress that the President should promptly indicate that the United States will welcome a private visit by President Lee Teng-hui of Taiwan to his alma mater, Cornell University, and will welcome a transit stop by President Lee in Anchorage, Alaska, to attend the USA-ROC Economic Council Conference.

斯加的安克拉治，參加『美國台灣經濟會議』」，這項決議案眾議院和參議院分別以 396:0 和 97:1，幾近無異議通過，一面倒地對執政單位施加壓力，國務院最終發簽證給李登輝。不過這也使柯林頓政府對台產生更大的不滿，認為李總統是藉由 1994 年國會大選後共和黨在眾議院大勝的局面，對民主黨政府施壓。

　　李登輝總統在 1995 年訪美，隔年台灣進行首次的總統選舉，一系列的行動引發中共不滿，台海危機爆發，中共在台灣海峽試射飛彈試圖恫嚇台灣。

　　一開始，柯林頓政府因為對李登輝的康乃爾之行仍感不滿，因此沒有做太多的回應，但當中共再次試射飛彈時，美國迅速派遣尼米茲號（USS Nimitz CVN-68）嚇阻，展現對台灣以及亞太地區盟友的安全承諾。隨後，美國加快了對台軍售的腳步、提升飛彈防禦能力、[16] 增加了與台灣的軍事交流，包括每半年進行一次軍事戰略對話，[17] 以及在次年發表的《美日安全防衛合作指針》中將台灣海峽納入「周遭區域」；但另一方面，台海危機也促使柯林頓改變對中態度，期望藉由促進美中關係的方式來消除區域不穩定的因素。

---

16 1996 年 3 月 20 日，美國隨即出售 M60A3TTS 戰車 300 輛、刺針防空飛彈 1,290 枚、AH-1W 超級眼鏡蛇攻擊戰鬥直升機 21 架，並在 1998 年出售諾克斯級驅逐艦 3 艘、E-2T 型預警機 3 架。

17 美方由國防部副助理部長率領來自國防部、美軍太平洋總部和美國在台協會、國務院、國家安全委員會、中央情報局等行政單位的人士前來台灣進行交流與諮詢，為台灣軍事改革提供意見。

　　1997 年開始，一連串的互動都顯示台美關係的萎縮，1 月副總統連戰要求過境時，國務院就不允許他在美國進行公開活動，9 月李登輝總統過境夏威夷，國務院也要求不得會見任何美國官員，柯林頓甚至在隔年訪中時提出「三不政策」（three noes）：不支持台灣獨立、兩個中國或一台一中；不支持台灣加入主權國家組成的國際組織。雖然如國務院官員於事後強調的，三不政策的內容「並不是新的政策」，但由美國總統本人親自公開宣示、表達立場，在外交上仍是對台灣的重大打擊。到了 1999 年 7 月，李登輝總統提出「特殊國與國關係」時，柯林頓政府更是因為未收到事前通知而憤怒，以三個支柱（three pillars）「一個中國政策、兩岸恢復對話、以和平方式解決歧見」回應，顯示不願意為「特殊國與國關係」背書。

　　不過相對於行政端的柯林頓，國會的對台政策與態度始終相當穩定。1996 年台海危機時 40 名共和黨眾議員組成政策委員會（House Republican Policy Committee）譴責柯林頓對台態度模糊、呼籲邀請台灣的新任民選領袖訪美，短時間內，眾議院先後通過一項非約束性決議和決議案，敦促政府協防台灣。[18] 1998 年柯林頓訪問北京前夕，眾議院以 411:0 的票數，要柯林頓力求中共宣布放棄對台動用武力，並繼續提供防禦性

18　第 148 號非約束性決議（House Concurrent Resolution 148），敦促政府應該「協助保衛台灣，使之免於中華人民共和國的入侵、飛彈襲擊或封鎖」；接著又通過 2386 號決議案（H.R. 2386）《美台反飛彈防禦合作法案》（United States-Taiwan Anti-Ballistic Missile Defense Cooperation Act），要求國防部研究將台灣加入戰區飛彈防禦系統（Theater Missile Defense, TMD）的可行性。

武器給台灣；柯林頓在上海提出三不政策時，參議院則在 10
天後以 92:0 的票數，重申美國對台灣民主政權的保護義務，
亦要求柯林頓總統協助台灣加入國際貨幣基金、世界銀行等國
際性組織。隨後還提出「台灣安全加強法案」（Taiwan Security
Enhancement Act, TSEA），通過「美國在台協會設施加強法案」
（American Institute in Taiwan Facilities Enhancement Act），[19]
都意在表達對台灣民主、安全與國際參與，以及深化台美關係
的支持。美國國會成為柯林頓時期，台美關係的重要守護者。

　　2001 年，批評柯林頓視中國為「戰略夥伴」（Strategic
Partner）的小布希上任。在競選期間，小布希曾說，美國應待
將中國視為「戰略競爭者」（Strategic Competitor）。上任後的
三個月，美中在南海發生撞機事件，中國一名飛行員犧牲，導
致美中外交危機，不久後小布希又在 ABC 新聞網《早安美國》
（Good Morning America）專訪中談到假使台灣受到中國攻
擊時，美國有義務「使用一切手段來協防台灣」（Whatever it
took to help Taiwan defend herself）。[20] 不論對中或對台態度，
小布希都與前任相當不同，因此上任之初，被認為是自斷交以
來最友台的美國政府。然而隨著 911 攻擊的發生，以及陳水扁

---

19 加強資深國防官員交流與混合訓練，針對戰術訓練、威脅評估、軍事準
　　則、兵力計畫等加強溝通。並在軍隊之間建立直接安全通訊（Direct Secure
　　Communications）。

20 David Sanger, 2001. "U.S. Would Defend Taiwan, Bush Says." *The New York
　　Times*. 2001.4.26. https://www.heritage.org/asia/report/promoting-freedom-and-
　　security-us-taiwan-policy

總統一連串的舉措，小布希的對中對台態度也出現了改變。

911攻擊硬生生將美國的大戰略轉向「反恐戰爭」（War on terror），以剷除各地恐怖組織、確保美國國際地位為主要目標。為了組成「全球反恐聯盟」（global coalition against terror），事件一個月後小布希在上海的記者會上改變稱呼中國為「重要夥伴」（important partner），美國政府也不再提「戰略競爭者」一詞，而改提所謂的「建設性合作關係」（constructive and cooperative relationship），尋求中國的合作，尤其是協助美國斡旋北韓核武問題。美國的戰略需求給予北京機會去改善撞機事件後僵持的美中關係，但同時，中國也把反恐怖主義與他們口中的「國內分裂勢力」結合，反對「藏獨」、「疆獨」與「台獨」。不過為了抑制中國在這個戰略下的過度擴張，小布希政府同時強調與日本的聯盟，把日本作為亞洲政策的核心。

反恐大戰略是否導致台美關係鬆落，正反說法皆有，當時的副國務卿阿米塔吉（Richard Armitage）就親自指出：「中國錯誤的假定反恐戰爭和伊拉克的戰爭可以使他們在台灣問題上獲得報酬，亦即美國可能會在台灣問題上讓步，但這種事情將不會發生。」明確表達澄清反恐與台美關係的連結，但即使阿米塔吉如此表態，要說兩者毫無關係恐怕也不然。[21]

---

21 David Sanger, 2001. "U.S. Would Defend Taiwan, Bush Says." *The New York Times*. 2001.4.26. https://www.heritage.org/asia/report/promoting-freedom-and-security-us-taiwan-policy

　　同時期的台灣一連推動了多項被美國認為較「激進」的論述與政策，從 2002 年 8 月陳水扁提出的「一邊一國論」，[22] 到 2003 年的參與世界衛生組織公投、新憲公投，和以反飛彈、強化軍售為題的防禦性公投，都進一步升級台海局勢，為亞太地區增添不穩定因素。這不僅讓美國在亞太地區與國際戰略變得更加複雜，也降低了台美間的互信。美國甚至為此介入台灣的內政議題，在 2003 年底，要求時任陸委會的主委蔡英文赴美解釋，並向立法院長王金平傳話不要讓「公投法」敏感條文過關、派遣白宮國安會亞太資深主任莫健（James F. Moriarty）訪台，要求陳水扁在「公投法」表決時約束黨籍立委自制等。面對中國，與中共國務院總理溫家寶會面時布希也提到，美國將「反對中國或台灣任何單方面改變現狀（status quo）的決定……而台灣領導人的意見與行動表明，他可能單方面做出改變現狀的決定……」。[23] 隔年 10 月，國務卿鮑威爾（Colin Powell）訪問北京時，更在香港鳳凰電視的訪問中表示

---

22 陳水扁於 2002 年 8 月 3 日以視訊直播方式於世界台灣同鄉聯合會第二十九屆年會中致詞，提到所謂的一邊一國論，陳水扁說：「台灣是我們的國家，我們的國家不能被欺負、被矮化、被邊緣化和地方化，台灣不是別人的一部分；不是別人的地方政府、別人的一省，台灣也不能成為第二個香港、澳門，因為台灣是一個主權獨立的國家，簡言之，台灣跟對岸中國一邊一國，要分清楚。」

23 "We oppose any unilateral decision by either China or Taiwan to change the status quo......comments and actions made by the leader of Taiwan indicate that he may be willing to make decisions unilaterally, to change the status quo......"

台灣「不是享有主權的國家」（does not enjoy sovereignty as a nation），為台美關係帶來衝擊。[24] 縱使台美的軍事交流與合作在小布希任期內有高度進展，[25]「麻煩製造者」（Trouble Maker）的形象持續跟隨著台灣。

● 歐巴馬－川普（2009至今）：台美的峰迴路轉

2009 年上任的歐巴馬，最大任務和挑戰就是眼下的金融危機，而隔年，中國超越日本成為全球第二大經濟體，再加上美國民眾對反恐戰爭後長時間的中東戰爭消耗感到疲倦，崇尚多邊自由主義和跨國合作的歐巴馬因此提出「轉向亞洲」（pivot to Asia）和「再交往」（reengage）的大戰略，表示「亞洲代表著未來，中東地區則是需極力避免涉入的區域」。[26] 轉向亞洲的大戰略可大致分為四大具體政策，包括：將 60% 的海軍和空軍部署到亞太地區、創立跨太平洋合作（Trans-Pacific Partnership, TPP）、利用中國與周邊國家的爭端取得優

24 Joseph Kahn, 2004. "Warnings by Powell to Taiwan Provoke a Diplomatic Dispute," *The New York Times*. 2004.10.28. https://www.nytimes.com/2004/10/28/washington/world/warnings-by-powell-to-taiwan-provoke-a-diplomatic-dispute.html

25 林正義，2009，〈美國與台灣軍事合作：威脅的評估與因應〉，《遠景基金會季刊》，第 10 卷第 2 期，頁 101-152。https://www.pf.org.tw/files/5929/EB274B56-2FA3-46F2-BB7B-6B108AC9EF12

26 Jeffery Goldberg, "The Obama Doctrine," *The Atlantic*, March, 2016, p. 28.

勢的「聰明實力」（smart power），並持續與中國交往。[27]由此可見，歐巴馬的對中政策並非一味地綏靖，將軍力部署至亞洲顯示歐巴馬政府也意識到中國的軍力崛起。

不過，從 2011 年起日益劇烈的敘利亞內戰和伊斯蘭國（ISIS）擴張，將歐巴馬的外交重心拉回到中東，使其無法專注於亞洲政策。就結果論來看，普遍來說，學者、觀察家都認為歐巴馬的「亞洲再平衡」政策是失敗的：不僅沒能遏制中國崛起，還加深了美中關係的不信任。例如，部署 60% 的海空軍至亞太區域，[28]使中國處於高度戒備，刺激中國加快軍事現代化的步伐；將中國排除在 TPP 之外，也使中國更深地參與區域全面經濟夥伴關係（RCEP）、亞太自由貿易區（FTAAP），推動「一帶一路」和「亞投行」的倡議。不過歐巴馬上任之初，轉向亞洲的政策確實有所推進，尤其是美中關係的建立。

2009 年底歐巴馬訪問中國，成為第一位在就任第一年就訪中的美國總統。此行事實上也是歐巴馬個人第一次踏上中國的領土，但有趣的是，他卻和有豐富中國在地經驗的老布希都說了同樣的話：「美中關係是 21 世紀最重要的雙邊關係」。[29]

---

27 Jin Canrong, 2016. "How America's relationship with China changed under Obama." World Economic Forum. 2016.12.14. https://www.weforum.org/agenda/2016/12/america-china-relationship/

28 參考：www.reuters.com/article/us-usa-asia-military-idUSBRE8AD05Y20121114。這讓人想起美國在冷戰期間將其 60% 的海軍和空軍部署在北大西洋，而 20% 用於本國領土，其餘 20% 用於戰略機動性。

29 "The relationship between the United States and China is the most important bilateral relationship of the 21st century." Cheng Li, 2016. "Assessing U.S.-

而訪中期間的歐胡會，正好顯示了為什麼歐巴馬會如此重視美中關係。會上，兩人的談話涵蓋了金融、氣候變化、乾淨能源、阿富汗、朝鮮半島以及伊朗核武問題等全球性議題，與九〇年代圍繞在人權、防止核擴散與兩國貿易等雙邊議題的美中高峰會不可同日而語。換句話說，歐巴馬政府將中國視為處理全球事務的要角，不過歐胡會上最令人震驚的，還是雙方領導人簽署的「美中共同聲明」（U.S.-China Joint Statement），中國強調台灣與中國主權和領土完整有關，希望美國支持中方立場，而美國則表示將遵守一中政策和三公報的原則。此外，歐巴馬隨後訪問日本時，所發表的亞洲政策演講，也未提到台灣，相比起以前布希總統在日本盛讚台灣民主令人感到擔憂。

　　不過歐巴馬第一任期所幸有重返亞洲政策主要構思者坎貝爾（Kurt Campbell）對台美關係著力甚深，讓台美關係在期間仍有些進展，例如重新在華府的雙橡園（曾經作為中華民國駐美大使的官邸，接待過多位名人、總統，在1986年被列為古蹟）舉行雙十國慶酒會、給予台灣免簽，以及通過F16 A/B戰機升級的重大對台軍售案等。而台灣方面，馬英九總統對中高度友善的態度，緩和了兩岸氣氛，降低亞洲的不可控力因素、改善了美台間的信任與對話。總體而言，歐巴馬和馬英九時期，台美關係一方面可說是發展穩定、關係良好，但從另一方

China relations under the Obama administration." Brookings. 2016.8.30. https://www.brookings.edu/opinions/assessing-u-s-china-relations-under-the-obama-administration/

面來看，亦是少有進展。而馬政府高度友中的政策，也讓華府擔心台灣會失去政治與經濟上的獨立性，讓台灣更容易受到攻擊。[30] 歐巴馬就認為台灣可能太過於傾向中國，而以犧牲安全為代價。[31] 但不論是美國無法正視中國威脅或是台灣過度依賴中國，都在 2016 年川普總統與蔡英文總統贏得選舉後有了轉變。

　　以「美國優先」（American first）為口號的川普，競選期間就不斷強調中國對美國的貿易逆差、控訴中國搶走了美國的製造業工作。2017 年上任後，川普也正如他 1987 年所出《交易的藝術》（*Trump: The Art of the Deal*）一書所提的「不紙上談兵」（deliver the good）原則，付諸實行競選諾言，並在 2018 年開打美中貿易戰。然而在許多資深政治觀察家眼裡，川普並無清楚的大戰略或對華方針，[32] 言論與政策經常相互矛盾，例如稱讚習近平為「中國史上最偉大領導人」，卻又不斷針對中共咎責，而且以「單邊主義」讓美國的國際地位與盟友關係變危急。不過對中國在國際行為上的批評，以及任用的對中強硬的鷹派幕僚，都推動並加快了已在華府醞釀多時的對中態度「典範轉移」（paradigm shift，意即在一個領域或者學科

---

30 Jason Pa, 2014. "Reliance on China makes Taiwan vulnerable: Clinton." Brookings. 2014.6.25. http://www.taipeitimes.com/News/front/archives/2014/06/25/2003593606?fb_comment_id=754448294607257_755924531126300

31 Chen Dean P., "Continuing Strategic Ambiguity across the Taiwan Strait," in Peter C. Y. Chow, ed., *The US Strategic Pivot to Asia and Cross-Strait Relations* (New York: Palgrave Macmillan, 2014) , pp. 32-33.

32 Robert D. Blackwil, 2020. "Implementing Grand Strategy Toward China." Council on Foreign Relations.

當中，某些最基本的理論或者認知方面，發生根本上的改變。華府的典範轉移會在第三章詳述），一改過去超過 20 年以為與中國交往能促進中國自由、民主化的「交往政策」，由國務卿龐培歐（Michael Pompeo）在 2020 年 7 月，於尼克森圖書館的《鐵幕演說》正式為「交往政策」劃下句點。

　　龐培歐的演說中以「中共不改變，全球不安全」作為重點，台灣不僅被多次提到，更指出「民主台灣」作為中共擴張的受害者、遭到邊緣化，但仍發展出蓬勃的民主政治。不過這場演說真正的看點是「尼克森圖書館」這個具有歷史意義的地點，[33] 因為 1972 年美國與中國關係正常化，正是由尼克森總統和他當時的國安顧問（後擔任國務卿）季辛吉規劃、開啟的，當時尼克森的名言是：「中國不改變的話，這個世界不安全。」希望透過政治經濟上的交流，促使中國改變，成為一個負責任的行為者，為後續的「交往政策」打下基石。而如今龐培歐在同個地點重申「中國必須做出改變」的目標，同時宣告交往政策失敗。

　　縱使不少學者，甚至是川普任命的國安顧問波頓（John Bolton）都指出川普並非真心看重台灣，但在川普任期的典範轉移，讓原本只能在檯面下低調進行的台美關係終於能浮出水面，過去經常掛在台灣身上的「麻煩製造者」或「美中關係障礙」的標籤也被拿了下來。相反地，威權中國成了威脅與國際

---

33 美國歷任總統卸任後，都會蓋一個以自己為名的圖書館或博物館，專門存放與展出相關文物。

問題的源頭，民主台灣則是美國的盟友。在 2019 年美國國防部發布的《印太戰略報告》中就提到新加坡、台灣、紐西蘭和蒙古四個民主國家是美國在印太地區中可信任、有能力和當然的夥伴。而不只在戰略國防上，台美關係在政治交流上更是有所推進。

　　從 2016 年川普上任時的川蔡通話，到 2019 年台灣國安會祕書長李大維赴美與時任美國國安顧問波頓會晤，一個是斷交後，兩國總統的歷史性對話，一個是斷交後最高層級的行政官員互動；讓對台軍購不再以「包裹審查」（平常不賣，累積到一定量再一大批賣）的模式出售，而是跟正常國家一樣，以「個案審查模式」往來、2019 年蔡英文總統過境美國時，給予如同訪問的待遇，和准許台灣外交部的「北美事務協調委員會」（外交部處理台美事務的單位）更名為「台灣美國事務委員會」（Taiwan Council for U.S. Affairs），都是讓台美關係趨向正常化；之後國會通過的兩大重要涉台法案──《台灣旅行法》及《台北法》，以及升級台美間的全球合作及訓練架構（Global Cooperation and Training Framework, GCTF）加入第三國主辦，啟動新的美台經濟繁榮對話，協助擴大與確保台灣的國際參與。這些事情一再顯示台美關係的進展。

　　另一個在川普期間相當大的台美關係進展，就是更多的「公開」。在外交事務上，公開與否的意義天差地遠。事實上，台灣的立法委員和行政官員在過去也可以到訪白宮，但從 2019 年開始才有「公開的」訊息釋出。例如 2019 年林右昌、

鄭文燦、柯文哲三位市長到訪時，三人皆在白宮裡打卡，國務院也主動公開釋出會談照片；又例如同年9月，台美官員共同出席美國智庫「戰略暨國際研究中心」（CSIS）舉辦的「台灣協助拉丁美洲暨加勒比海發展之角色」研討會後，國務院西半球事務局代理助卿柯扎克（Michael Kozak）在推特上以官方身分公開貼出與會發言人的大合照，這都是在先前看不到、甚至是禁止的，台美的行政官員要同台登場，也是困難的。2019年9月，我國駐紐約辦事處徐儷文大使進入聯合國參加會議，更是退出聯合國之後首見。儘管有人可能認為研討會上的官員同台只是「擦邊球」，而且還是要靠台灣美國事務委員會或美國在台協會做白手套牽線，或指出台灣過去也曾參加過聯合國相關會議、現在的進展不足掛齒，然而，台灣能不以「宗主國」的模式，[34]並且「公開地」以官方身分坐在聯合國總部裡，就顯示了台美關係的升溫，以及台灣外交團隊長時間努力的結晶。

　　當然，快速升溫的台美關係導致了從中國而來的文攻武嚇頻頻（例如，中共不斷地派軍機軍艦到台灣鄰近海空域挑釁），不過這不僅沒有讓台灣走上中國設定的政治軌道，反而提升了台灣民眾的警覺，並且驗證了中國才是「改變現狀」的那一邊。

---

34 中國曾經和世界衛生組織簽訂諒解備忘錄（MOU），內容表明台灣參加世界衛生大會的前提是以「宗主國」模式，所有文件傳遞和行動都必須經由中國許可。2016年，因為蔡政府否認一中原則，所以中國不讓台灣再參加世界衛生大會。

2020年，台灣透過優異的防疫成為全球模範生，頻頻躍上國際媒體版面，美國從國會議員、政府官員，甚至到歌手名人，都稱讚台灣的防疫表現，尤其美國多位官員在聯合多國呼籲台灣應加入世界衛生大會（WHA）、衛生部長阿薩爾（Alex Azar）來台交流，更是從互動的「層級」（level）到交往的「本質」（nature）都大幅提升台美的距離。縱然在8月蔡英文政府宣布擴大開放含萊克多巴胺的美豬進口時，引發了民怨，不過2021年初川普的國務卿龐培歐在卸任前，宣布解除國務院對台交往內規，接任的布林肯國務卿推出了新版內規鼓勵台美更多的交往並且解除以往的許多限制，且於3月份中國以蟲害為由無預警禁止台灣鳳梨進口後，從AIT到美國智庫公開用創意的方式力挺台灣，都再度讓民眾看到美國在推動雙邊關係上的誠意。

不過，拜登政府上任後，許多歐巴馬時期的官員回歸出任，不少民眾都擔心美國的對中政策會回復到歐巴馬時期，也有評論人以拜登或他身邊的幕僚過去的對中、對台言論，稱台灣會因為拜登上台而被出賣。然而，我們要強調的是，當前時空背景已經改變了，華府的對中態度出現「典範轉移」，政界人士的對中態度已經普遍轉變，而且抗中不僅僅只是政府、立法單位的主流態度。皮尤民調（Pew Research，美國最具權威的民調機構）指出，89%的美國人認為中國是競爭對手或敵手而非夥伴，更是從上到下的態度轉變。即使拜登團隊的反中和挺台的聲音「有可能」不會像前任那麼明顯、明確，但不管是

在國安會新增「中國事務主管」和「印太事務協調官」，並分別讓對中態度強硬的羅森柏格（Laura Rosenberger），與歐巴馬時期對台相當重要的坎貝爾擔任，還是在拜登政府上任後，不斷強調「全政府模式」應對中國，並且努力實踐「結合盟友共同面對中國」這樣的原則，在在顯示拜登政府也隨著華府的典範轉移有所跟進。

　　從拜登政府上台的前兩個月來觀察，我們的確可以看到台美關係的穩定進展，包括：邀請台灣駐美代表蕭美琴以外交使節身分參加總統就職典禮、定期派軍艦通過台灣海峽、美國駐外大使和台灣大使在第三國公開見面、現任美國駐外大使〔駐帛琉大使倪約翰（John Hennessey-Niland）〕訪問台灣、台灣駐美代表多次公開進出國務院進行會談等等。從這些公開事件來看，台美關係具有高度的延續性。

　　如果再把時間拉長到拜登政府上台後半年以來的態勢，我們可以看到，台美之間的關係在「貿易暨投資架構協定」（Trade and Investment Framework Agreement, TIFA）復談、三位參議員來台訪問，以及（截至2021年7月）250萬劑的疫苗捐贈等，實質、有感的作為下更加地深化。雖然美國2021年8月在阿富汗的混亂撤軍引來全球對於美國承諾的質疑，疑美論也在台灣鋪天蓋地而來，但白宮國安顧問蘇利文（Jake Sullivan）將台灣與以色列並列為盟友，拜登甚至以《北大西洋公約》第五條（集體防衛）的「神聖承諾」回應對台灣態度，都顯示了美國對台灣的重視。2021年2月以來，我們也

可以觀察到台海安全議題的「國際化」，美國很努力地促成與盟友一起關注台海議題，例如：美國總統拜登和日本首相菅義偉發表共同聲明，強調台海和平穩定的重要性；這是日本從1969年以來首次在外交聲明當中提到台灣、關切台海事務。除此之外，美國也促成與韓國總統文在寅，以及與七大工業國（G7）會議共同發表相關聲明，這是史上首次，美國與歐洲大國共同對台海議題表態。從許多方面看起來，拜登政府很認真地在實行「與盟友共同討論國際大事」以及「結合盟友的力量來嚇阻中國」的宣示。

美國雖然短期內並沒有要改變長期以來的戰略模糊政策，也強調和台灣之間為「非官方」關係，但持續表示十分重視如此的關係進展，並且以實際的行動支持台灣。未來還有漫漫長路要走，期待在美中關係維持競爭與對抗的局勢下，台美關係可以繼續朝「正常化」邁進。

從斷交走到今天，不簡單的台美關係

回顧斷交後的台美關係會發現，親中的相反並不等於友台，親中反中、友台反台也不能將共和黨和民主黨一刀切地劃分，而是由美國總統個人的人生經驗、背景、價值觀排序、幕僚的影響、華府的主流典範，以及台灣政策的可預測性，都牽引著國際情勢下台灣在美國眼中定位。而在美國國會持續的對台支持、台灣的外交團隊、台美人的行動，皆不斷為台美關

係、台灣的國際空間開闢出路。

　　許多人常以「棋子」稱呼台灣，認為台灣總是在這個國際棋盤中，被大國擺布。不可否認的，在國際現實主義下，台灣的地理位置、戰略位置和政經歷史發展，讓我們難以脫離美中兩大強權最前線的位置；綜觀上述從 1978 年斷交一直到川普任期的台美關係變動，也確實是如此。但是，這並不代表台灣在國際的脈動下，就毫無話語權和施展空間，相反地，從前述可以發現，台灣長期靠著推動民主獲得美國國會的支持，在典範轉移及美中開始走向競爭大於合作的時空，台灣亦是透過民主典範、科技發展與戰略位置成為美國重要的戰略盟友；再者，台美關係獨立於美中關係發展的軌跡也愈來愈明確，台灣可以施行的「槓桿」較過去增加，因此比起「棋子」，觀測站認為更適合稱呼台灣為「重要槓桿」。

　　既然台灣的民主是形塑我們重要性的一大「原力」，且讓台美關係更加緊密，那身為台灣的公民，當然更要發揮、運用我們的民主權利，了解國家及影響台美關係多元又多變的因素，好協助監督並制定對台有利的對美和對外政策。因此在接下來的篇章，我們將會剖析複雜的台美關係系統，解釋其中的重要元素、法律框架和互動角色。

　　下一次當我們提到「台美關係」時，別忘了，這短短的四個字承載了複雜的戰略關係，以及一個共同體的民主發展、開拓外交空間的艱辛與努力。

第二章

「一中」各表？──美國的「一中政策」

　　每當美國政黨輪替的時候，「一中政策」總是會成為新聞焦點，例如 2016 年底川普正要上台時，大家都在議論到底川普會不會改變一中政策，在 2021 年 1 月拜登政府上台之後，也有很多人說美國將「回復到」一中政策。而中國方面，官方媒體也不斷提及，希望美國「返回」一中政策，意即認為川普時期推翻了一中政策。

　　其實這樣的說法隱含了不少誤會，因為美國的「一中政策」已經使用將近四十年了，一直都是美國對兩岸政策的最核心元素。而且最重要的是，「一中政策」（One-China Policy）與中國的「一中原則」（One-China Principle）有全然不同的定義。要認識美國的一中政策之前，必須先從「一中原則」講起。「原則」跟「政策」很不一樣。

中國的「一中原則」vs. 美國的「一中政策」

中共的「一中原則」是很明確的三段論：

（1）世界上只有一個中國。

（2）中華人民共和國政府是代表全中國的合法政府。

（3）台灣是中國領土不可分割的一部分。

而美國沒有一中原則，只有一中政策。在此一中政策下，首先便是處理如何看待「一中原則」的方式：

美國僅承認前兩點（世界上只有一個中國、中華人民共和國代表中國），但是對於第三點「台灣是中國的一部分」，美國只有說「認知到」（acknowledge）中國的立場，但是並沒有「承認」（recognize）。甚至，中美建交後，當時的副國務卿克里斯多福（Warren Christopher）還曾經在國會聽證會上發言：「美國認識到，但並沒有承認中國認為台灣屬於其領土的立場。」簡單來說，即為美國了解中國有這樣的立場，但對於這個立場並未表態支持或反對。中國方面則總將美方說的「認知到」翻譯成「承認」，實而不然。

至於台灣的法理地位，美國在與中國簽訂的公報中，立場皆是「要由海峽兩岸的中國人自己用和平方式解決」，始終沒把話說死。其實也是所謂「戰略模糊」（strategic ambiguity）的一部分，我們會在後面的章節詳細談。

美國一中政策的重要元素

美國的一中政策，除了上述針對一中原則，特別是針對台灣法理地位的看法之外，主要還闡述了美國對台灣的軍事承諾，以及對兩岸關係的看法。

大約從 1980 年代起，美國政府官員便開始用「一中政策」這個詞彙，來概括美方對於美中台三方關係之政策。之所以「概括」，是因為美國的一中政策刻意保持策略性模糊，讓行政部門得以視美國當下的國家利益，在解釋與操作上保有彈性。簡而言之，此「政策」涵蓋了一系列對台灣與中國的政策綱領、與中國簽訂的三份外交公報，還有國內法律；如台美關係最重要的《台灣關係法》（Taiwan Relations Act）。一般而言，美方提到一中政策的時候，通常會提及《台灣關係法》、美中三公報、六項保證等固定常見的元素，不過在用法上有些微差異。

除《台灣關係法》外，對台灣最重要的便是「六項保證」。美國與中國於 1982 年簽訂《八一七公報》，當中規定美方同意將逐步減少對台軍售；但雷根總統同時亦向台灣提出「六項保證」，表達：

1. 未同意設定對台軍售的終止期限。
2. 未同意對台軍售前向中華人民共和國徵詢意見。
3. 不會擔任兩岸之間的斡旋角色。

4. 未同意修改《台灣關係法》。

5. 未改變關於台灣主權的立場。

6. 不會施加壓力要求台灣跟中國談判。

　　這六項保證，於 2016 年 5 月 17 日我國總統蔡英文就職前夕，更以「共同決議案」（Concurrent Resolution）形式，在美國國會參議院及眾議院兩議院通過。雖然決議案在性質上跟國內法的法案不同，沒有對行政部門的拘束力，然而這是國會以正式文字形式確立、表達美國將繼續對台軍售，且台灣不會淪為美中談判籌碼的立場。自從「六項保證」經國會透過此形式而「成文化」，被提及的頻率也愈來愈高。

　　「一中政策」並不限於上述元素。例如在 2019 年前，美國國家安全顧問波頓離職之前，解密了一份雷根總統政策備忘錄，內容表示：「美方對台的軍售，其層級將要視中共解放軍的軍力發展而訂」，也就是說，要將保持台海軍力的平衡。此備忘錄補充了雷根六保證的內容，且裡面述及的原則就是三十年來美方對台軍售的考量重點。以上這些文件、法律、決議案等，都是美國一中政策的重要環節。

突破一中政策？

　　美國針對台灣的法律地位不明言其立場，這是一中政策的其中一項重點。

很多人會討論，到底美國對台灣的一中政策是否會隨著時間改變，甚至在台灣的法律地位認知上有所突破呢？針對這一點，先前美國官方從未談及台灣的法律地位問題，也未曾談過台灣與中國應該要是何種關係，大多僅表示要和平解決問題。不過川普在任時期有個特色是，多個行政部門的報告當中（例如：印太戰略報告）都曾明示與暗示地稱台灣是一個「國家」，和其他國家並列一起談。由此來看，美方對台灣法律地位的看法的確是在緩步地前進。

過去四十年來，一中政策最大的突破點，莫過於前國務卿龐培歐 2020 年 11 月 12 日接受修《伊特秀》（*The Hugh Hewitt Show*）訪問時說道：

> 台灣並非中國一部分，過去 35 年美國兩黨政府所遵循的政策亦承認這件事。美國對台的承諾跨越黨派，兩黨都認知台灣是民主典範。

不過值得注意的是，在國務院和白宮的「正式聲明」當中，仍舊用字嚴謹小心。龐培歐本人亦曾親自回應過戰略模糊的辯論（2020 年 10 月 21 日）：「美國不會改變對台政策。」換言之，美國不明確表明承認台灣的獨立地位，也不明言若中共侵略台灣的時候，美國必定會出兵捍衛台海和平。戰略模糊政策仍會繼續維持。

川普執政時期的國務院當中，最具代表性也最全面地談

台美關係的一場演講，是在 2020 年 8 月 31 日，時任國務院亞太助卿史達偉（David Stilwell）在華府智庫「傳統基金會」（Heritage Foundation）發言。[35] 他回顧了近期美國和台灣關係的升溫進展，表示這些皆和美國對台灣長期以來的政策立場一致，未逾越「一中政策」。另外，他特別強調：美國的「一中政策」與中共的「一中原則」不同，美國對台灣主權不持立場。

他說：

> 美國與台北保持廣泛、密切且友好的非正式關係，包括根據《台灣關係法》協助台灣自我防衛的承諾。我方未對長期政策作出任何改變。目前在做的只是對我方與台灣的接觸做出重要的更新，以便更佳地反映此類政策，並因應不斷變化的情況。前述調整雖然顯著，但仍於我方的「一中政策」範圍之內。

綜觀上述，美國的一中政策就像一個無形的大框架，但在這個大框架底下，行政部門隨時會調整與台灣的關係，而不影響到雙邊關係的進展。

2021 年拜登政府上台後，出現一值得注意的發展方向：美國國防部在 3 月的時候發布一篇文章談「印太區域現況」，內容明確言及「台灣從來都不是中國的一部分」，這是行政部

門非常罕見的直接表態。而在 8 月時，拜登總統接受 ABC 新聞台訪問更語出驚人地表示：台灣和日本及韓國相同，都是美國以《北大西洋公約》做出集體防衛承諾的盟友。雖然行政部門仍然強調沒有要更動一中政策及戰略模糊的既有政策，但是整個氛圍的變化對台灣來說似乎出現不小的波動（相關細節會於留待戰略模糊的章節〔第三章〕繼續詳談）。

台灣怎麼看美國一中政策？

　　若能理解美國對台灣相關政策的立場，會更容易領會台灣外交團隊一些重要的發言。例如 2020 年 9 月份，台灣外交部長吳釗燮接受美國公共廣播電台（NPR）的專訪提到：「台灣目前不尋求與美國建立全面外交關係。」

　　吳部長發表此言論之時，台美關係正處於非常好的狀態，包括美國衛生部長、國務院次卿接連訪問台灣，雙雙創下最高層級內閣官員及國務院官員訪台的紀錄，同時也有一連串軍售消息確認，部分台灣人期待台美關係全面正常化，亦即建交的可能性。因此，吳部長的發言猶如潑冷水。

　　事實上，這段訪問的重點並非台美是否建交。正如我們前文所言，美國目前並不會放棄「一中政策」的原則，暫時不會明白承認台灣的國家地位。吳部長的發言，準確地概括了美國認為的國家利益，他說：「台灣期盼美國能持續對台軍售。但若與中國發生衝突，台灣不依靠美國干預。台灣防禦是自己的

風險與責任，會努力為未來局勢做好準備。」

　　就美方立場，主要考量點為避免直接跟中國發生軍事衝突，用最小成本的方式來抑制中國改變現狀的野心，特別是要協助盟友與夥伴國家具備更好的嚇阻能力。

　　當前美國對中國的關係已從原本的「準同盟」，轉變為以「競爭」為主。不過從美國觀點而論，「一中政策」的框架並未達到需砍掉重練的急迫性，尤其在未有更好的替代方案出現，且能確保美國和中國不會正面發生軍事衝突之前。華府智庫政策圈以及不少學術專家們的觀點也與上述類似，他們基本上認為，沒必要隨意去除使用四十年之久的框架。而且正因為該框架的實用性及彈性（例如對台待遇），使這一政策在執行上有很大的揮灑空間，不見得需要動到大框架，也是所謂「戰略模糊」的一部分。

各國怎麼看「一中政策」？

　　前面言及中國的「一中原則」是嚴格的三段論，這除了是為中國的官方立場外，亦總會與其他國家建交時，務求將一中原則放入公報，然而世界各國政府承認一中原則及台灣地位的方式各有不同。

　　加拿大在1970年率先於描述中國對台立場時，使用「注意到」（take note of）一詞，其他國家便隨之使用各式不同的動詞，例如：認知（realize）、理解（understand）、尊重

（respect）。傾向中國立場的國家，會使用支持（support）、遵循（adhere to）等字詞，但完全「承認」中共「一中原則」的國家其實是少數，僅占中共邦交國約四分之一，且沒有一個是主要大國。

那麼台灣呢？其實我方也有一中原則。過去在中國國民黨執政下，重複強調「九二共識」的「一個中國、各自表述」；這裡的一個中國原則，是將中共的一中原則三段論中的「中華人民共和國」換成「中華民國」，即：「世界上只有一個中國，中華民國政府才是中國的唯一合法政府，台灣和大陸都屬於中華民國。」此即國民黨定義的一中原則。不過綜觀整個世界，大抵上僅剩我方邦交國仍會在外交文書裡承認這件事，在實際的互動上，邦交國則早已將中國視為另一獨立國家。

至於自 2016 年開始執政的民進黨，則是不承認九二共識存在，也否認一中原則，尤其「台灣是中國的一部分」這一點。

思索台灣的「一中」立場

台美關係之中有相當多元素是長期延續下來的傳統，相關名詞雖然很像，內涵卻大不相同，特別是美國、台灣、中國的立場都不盡相同。我們要特別留意新聞中相似名詞的差異，方以判讀各方觀點。

看到這邊我們應該就能了解，「一中政策」是美方一向不

斷使用的名詞，不會因為發表一中政策言論，就代表美中或美台關係將有所改變。即使在川普政府時期，一中政策仍然是對於台灣和中國政策的核心，內容依舊包括一法、三公報、六保證等要件。有些輿論談到美國要「回復一中政策」，實而誤解美國的立場，因為一中政策大標題並沒有改變，唯內涵會就實際情況有所調整。

　　話說回來，我們除了要去了解美國行政部門的看法之外，台灣人還需正視自己如何看待「一中政策」和「一中原則」的問題（中國的視角即老調重彈台灣是中國的一部分，並迫使他國承認這個原則，十分容易理解）。過去每次大選，「九二共識、一中原則」總會被提出議論。台灣大多數公民認同「台灣是中國一部分」的一中原則嗎？又，我們該如何看待美國對台灣的定位，以及如何促使既定的定位向前推進呢？

第三章

美國人在想什麼？

美國怎麼看中國

第一章提到，台灣在李登輝、陳水扁時期曾被視為美國對中交往政策的「麻煩製造者」，不過這樣的稱號在華府的對中政策典範轉移下有了180度的翻轉，而在如此情況下，對美國而言，台灣的民主和戰略地位變得更為重要，提升台美關係也符合、有益於美國推動的戰略方向。換句話說，美國看待中國的方式會大大影響美國看待台灣的態度。那麼，美國到底是怎麼看中國的？華府的典範轉移又是如何發生的？或許先說明完後者，前者會變得更好解釋。

從一廂情願到幻想破滅

從老布希開始成為華府典範主流的對中「交往政策」（engagement policy），就是希望透過讓中國在經濟自由化

的同時，也能夠間接促使政治自由化或甚至是民主化，並且讓中國成為國際體系中的「負責任的大國」（responsible stakeholder），遵守美國主導建立的聯合國所推動的國際原則。在部分台灣人看來，這樣的想法相當一廂情願，甚至太過天真，不過此種思想並非沒來由，有其理論的基礎。

首先，「交往政策」萌芽的時間點，是獨裁統治在全球各處被挑戰，而且中國政權顯得脆弱的時刻。1974 年開始，第三波（The Third Wave）民主化浪潮襲捲全世界，帶動超過 60 個國家的從威權轉型至民主，[36] 到了 1989 年，中國也出現了六四天安門運動，挑戰威權統治。

其次，當時不少社會科學理論指出，收入的增加以及教育水平的提高，會為威權政權帶來挑戰。小布希政府 2002 年的《國家安全戰略》報告就指出：

> 中國領導人正發現，經濟自由是國家財富的唯一源頭……而遲早，他們會發現社會和政治自由是使民族偉大的唯一源頭。[37]

---

36 著名著作：Samuel P. Huntington, 1991. *The Third Wave: Democratization in the Late Twentieth Century*. University of Oklahoma Press.

37 "China's Expanding Global Influence: Foreign Policy Goals, Practices, and Tools." https://www.uscc.gov/sites/default/files/transcripts/3.18.08HearingTranscript.pdf

到了 2005 年，小布希第二任期的副國務卿佐利克（Robert Zoellick）在著名的〈負責任的大國〉演講中更發表：

> 封閉的政治不可能成為中國社會的長遠特徵……隨著經濟增長，變得富裕的中國人會對自己的未來要求更大的發言權，施加政治改革的壓力。[38]

再者，中國不斷強調自己沒有挑戰美國或想稱霸世界的野心。從鄧小平時代開始就不斷強調「韜光養晦」的外交政策；長期以來，不論是透過中國國務院白皮書，或者是所有的學者、外交官的發言，[39] 都強調中國是「和平崛起」且「無意挑戰美國」（這樣的狀況在習近平時代才開始有明顯的轉變），因此許多學者認為中國求的只是維持內部穩定，是個國家型的國家（National Power），最多也就只有成為區域霸權（Regional Power）的野心。

最後，以經濟利益的角度，協助中國經濟自由化，確實為美國帶來許多好處。美國國務院前亞太副助卿柯慶生（Thomas Christensen）在 2008 年國會聽證會上就提到「交往政策奏效了」（engagement policy is working），他說：

---

38 "Whither China? From Membership to Responsibility." https://www.ncuscr.org/sites/default/files/migration/Zoellick_remarks_notes06_winter_spring.pdf
39 《新時代的中國與世界》白皮書。http://www.scio.gov.cn/zfbps/32832/Document/1665426/1665426.htm。

中國加入世界貿易組織的頭五年，我們對中國的出口增
長速度是對世界其他地區的五倍。[40]

　　其實早在 2000 年中期，就有一些學者、記者指出中國共
產黨並沒有走向自由化的道路，其中包括美國超資深記者孟
捷慕（James Mann）。[41] 不過，面對中國的龐大商機與經濟利
益，交往政策仍受到廣泛支持，難以撼動。

　　綜合全球局勢、學術理論、中國官宣，以及經濟利益，交
往接觸政策成了美國華府的主旋律，只不過隨著愈來愈多的研
究、報導揭露中國政府在經濟、金融、政策上絲毫未走向自由
化，甚至加大威權控制，在國際體系上如偷竊智慧財產權的不
負責任行為，也持續進行，對中強硬的氣氛於是慢慢凝聚。而
打醒美國華府的最大契機，是 2018 年在中國共產黨第十九次
全國代表大會上，習近平主席宣布解除任期制。美國各界排山
倒海的文章、報導指出習近平成了現代皇帝，批評美國政府錯
看中國的聲浪也占上風，逐漸成為華府主流。

　　2019 年，美國白宮送交國會的「美國對中華人民共和國
的戰略方針」（United States Strategic Approach to The People's
Republic of China）報告，開宗明義就指出，美國需要重新思
考過去 20 年失敗的對中交往政策：當時錯誤地假設與對手交

---

40 https://www.uscc.gov/sites/default/files/transcripts/3.18.08HearingTranscript.
　pdf
41 James Mann, 2007. *The China Fantasy*. Penguin Books.

往（engagement with rivals）、讓其融入國際社會，就能讓他們變成值得信賴的夥伴。[42]

在民間，由於川普強調美國對中國的貿易逆差、中國人偷走美國人的工作（stealing American jobs），再加上揭露中國不負責任行為的報導連連出現，激起許多民眾的反中情緒。到了 COVID-19 疫情爆發的 2020 年，皮尤民調顯示，對中反感已經爬升至 73%，成為美國主流（關於美中關係的轉變，我們會在第四章詳談各種結構性的因素）。在拜登政府上台後，印太事務協調官坎貝爾於 2021 年 5 月 28 日在史丹佛大學的一場研討會中表示：「過去被廣泛稱為美中交往的時期已宣告終結，之後將進入與中國競爭的模式。」等於是正式終結了長期以來的交往政策典範。

不過，可能會有一些讀者擔心：如果又一波的民主浪潮出現，或中國經濟在日後一枝獨秀，那麼美國是否會再回到對台不利的交往政策？事實上，這樣的擔憂並不無可能，而要釐清這些問題，就需要去談談另一個問題：「美國怎麼看中國？」

自由與保守：區分美國的兩大意識形態

直接討論「美國」這整個國家如何看中國，可能不太準確，因為就像第一章看到的，每個總統的人生背景、意識形態、價值排序等都會影響他們看中國的態度，更何況能影響美

---

42 https://china.usembassy-china.org.cn/united-states-strategic-approach-to-the-peoples-republic-of-china/

國外交政策的，還包括各個行政單位、國會議員、智庫、利益團體和媒體等等，每個政治工作者的經驗、專長都不同，看中國的角度更是千百種。不過以整體政治事務來看，美國的意識形態大致區分為自由派與保守派。

　　所謂自由派（liberal），指的是傾向於支持環保、人權、少數群體權益、禁槍等政策，大多傾向支持民主黨；保守派（conservative）則較支持個人主義，反墮胎、反對政府過多干預，往往支持減稅、反對任何會對企業或個人的干預政策，在政黨傾向上通常偏向支持共和黨。在外交與國際事務上，自由派通常支持所謂的國際建制（institution，例如國際組織、自由貿易等機制），主張外交政策不要一下子做太劇烈的改變，傾向於相信國際建制的功能。相對地，保守派則較注重「權力」關係，認為要用比較強硬、直接的方式處理對外關係、達成外交目的。

　　在對中政策上，隨著典範轉移，中國未邁向自由化以及未成為「負責任大國」，已經是兩派的共識。保守派和建制派究竟如何面對此種情況呢？他們又如何面對正在崛起的中國？兩方仍有歧異。不過，要探討各政治人物對中國的角度以及傾向的對中政策，不能僅用「保守—自由」的廣泛框架去理解，因為針對「個別國家」的政策主張，並不一定會跟自由派與保守派（或者說是左派與右派）的意識形態相連結。

　　為了更深入了解，且看下一節由哥倫比亞大學合聘助理教授佐佐木文子（Fumiko Sasaki）以對中政策分類華府人士，提

出的五種人物類型。

華府政界人士看待中國的五種類型

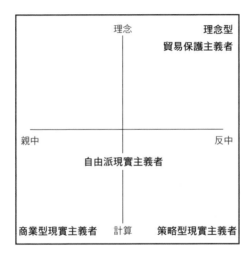

佐佐木文子的華府政界人士五類型

（圖片來源：參考並修改自 Taiwan Insight）。

　　佐佐木文子將美國檯面上的政治人物依照「理念—算計」（Ideological-Calculative）和「親中—反中」（Pro-China-Averse China）這兩個維度分成了四個象限（如上圖），並且依照這四個象限，標出五種類型：理念型、貿易保護主義者、商業型現實主義者、策略型現實主義者，以及自由派現實主義者。讓我們就著圖表來看：垂直的 Y 軸代表「看待中國時的理念動機」，

上方代表「理念」也就是「真心相信該理念」；下方為「計算」，也就是「可以彈性隨著利益改變立場」。水平的 X 軸是「展現出的對中態度」，右邊是「反中、抗中」，左邊是「親中」。

1. 理念型（Ideologists）

　　圖表最右上方的這類型人是基於理念的反中，通常是反共產黨、人權倡議人士。有些人對資本主義的信仰使得他們自傳統上就反共產主義，而基督教徒因為相信宗教自由，也傾向反共。他們對於中共改革開放的要求很高（特別注意，美國很少有政界菁英認為必須消滅中共。目前的鷹派[43]也只是要「對抗」中共而已），希望用更強硬的手段促成中共的改革開放。

　　此類型的代表人物有：川普國務卿龐培歐、副總統彭斯，兩人皆為共和黨人以及福音教派；共和黨佛羅里達州參議員盧比歐（Marco Rubio）、德州參議員克魯茲（Ted Cruz）、民主黨紐澤西州參議員曼德茲（Bob Menendez），三人皆為古巴難民後裔；共和黨佛羅里達州眾議員迪馬里（Mario Diaz-Balart），高度反共反極權；以及川普的副國安顧問博明（Matthew Pottinger），曾在中國被極權暴力對待。

2. 貿易保護主義者（Protectionists）

　　這類人批判中國是因為其不公平的經濟行為，像是偷竊智

---

43 強硬派、激進派，與之相對的是路線溫和的「鴿派」。

慧財產、強制技術轉移、國家補助企業。這些人也坐落在「理念」型的光譜，因為其貿易基本教義派的立場。在貿易談判的討論中，這些人有時候會被標示為民族主義者（nationalist），意思是說他們對中國強硬的立場，很多時候也是基於愛國理念。

此類型代表人物有：拜登的經濟顧問柏恩斯坦（Jared Bernstein）；川普時期的美國貿易代表，同為對中談判的首席官員萊特海澤（Robert Lighthizer）；川普的白宮貿易政策辦公室主任納瓦羅（Peter Navarro）。

3. 商業型現實主義者（Business-realists）

這類人因自身商業利益而強烈親中，他們不在乎對外交往對象是民主還是極權國家。

此類型的代表人物有：2020 年大選期間與夫人一共捐贈 1.7 億美金給共和黨和保守組織的億萬賭場富翁阿德爾森（Sheldon Adelson），他以親中為名，其 2019 年的收入有 70% 來自澳門；黑石集團董事長蘇世民（Stephen Schwarzman），他在 2013 年以個人名義捐贈 1 億美金在中國建立「蘇世民獎學金」；川普的第一任國務卿提勒森（Rex Tillerson），同時也是全美市值最高的石油公司埃克森美孚的執行長；曾擔任對沖基金經理的川普財政部長梅努欽（Steven Mnuchin）也屬此類，從 2020 年 6、7 月期間，川普的行政首長們紛紛對中發表強硬談話，卻不見梅努欽，就可以略知一二。

4. 策略型現實主義者（Strategic-realists）

　　這類人想要維持美國在全球的軍事影響力，他們反對中國任何會縮減美國影響力的權力擴張，在五角大廈與軍隊中特別會培養出這類觀點。

　　此類型的代表人物有：拜登的白宮國安會印太事務特任主管坎博；白宮國安會中國與台灣事務資深主任羅森柏格（Laura Rosenberger，她過去主要研究中國資訊戰）；共和黨參議員柯頓（Tom Cotton）；非常友台的已逝共和黨參議員麥坎（John McCain）。

5. 自由派現實主義者（Liberal-realists）

　　這類人主張透過外交手段（多邊手段）來極大化國家利益，他們不完全算是「算計」類型，因為還是相信民主以及基於規則的世界秩序。他們認為，美國必須和中國共存，即使雙方並非友善關係。他們通常會對中國壓迫、無視規則的作為非常批判，不過通常反對用強硬手段對付中國，主因是認為必須要避免最後演變成軍事衝突。

　　此類型代表人物：拜登的總統氣候變遷特使凱瑞（John Kerry），以及 2019 年 7 月投書〈中國不是我們敵人〉（China is not an enemy）[44] 的 100 位連署人、前 AIT 理事主席卜睿哲、前國務院高層董雲裳（Susan Thornton）。

44　https://www.ncuscr.org/news/open-letter-china-is-not-the-enemy

事實上，除了佐佐木文子的五個類別，還有許多不同的分類法。例如「泛亞派」（Pan-Asianism）和「中國通」（China Hands，該字也泛指對中國文化、事務相當了解的人）兩派別；前者認為美國的亞洲策略應該以亞洲同盟出發，並把中國作為亞太的其中一部分管理，後者則是認為美國的亞洲策略應以中國為主，主張只要美中關係好，美國在亞洲的經營就不會有問題。

另一位中國專家洛森（Ben Lowsen）則用：屠龍派（Dragon Slayer）、外交派（Diplomat）、漢學派（The Sinologist）以及擁抱熊貓派（Hug Panda）四種派別區分華府人士：屠龍派，反中態度強硬；外交派顧名思義以外交官為主，主張與中保持接觸，但保持警惕；漢學派則熟知且熱愛中華文化，對中友善；擁抱熊貓派當然就是支持、強調美中合作、交往的派別。

對各種分類方式的解釋力度會隨著不同的政治環境浮動。例如在典範轉移以及「印太」取代「亞太」戰略後，接觸政策時期常使用的「泛亞派」和「中國通」分類的解釋力度就明顯下降，而佐佐木文子的五大類，則是在川普時期發展出來的，因此在拜登政府的對中戰略發展更為清楚後，分類可能會再調整，以更符合華府當前的對中派系。

就如同科學哲學家孔恩（Thomas S. Kuhn）在其經典著作《科學革命的結構》（*The Structure of Scientific Revolutions*）裡談到「典範轉移」時提及的，我們對世界的認識其實常常都是從一個典範轉移到另一個典範，而這些典範以及對世界的認

識，都是透過一連串的「說服」形成的，所有「科學」的標準與程序皆是如此。

過去的三十年，因著全球化以及中國的改革開放，商業現實主義者超越貿易保護主義派成為主流，同時氣候變遷、核武擴散等愈來愈多的跨國議題出現，以及美國耗時、耗力、耗財的駐外軍事和干預在國內引起反感，也讓自由派現實主義者比起策略型現實主義者更占上風，使得主要主導對中對策者幾乎都是「擁抱熊貓派」和所謂的「中國通」。

不過也就在近十年，隨著中國商業間諜在 IBM 任職期間盜竊機密、中國關押維吾爾族人，以及其在南海填海造島升級軍備等事件連連被揭露，貿易保護主義者、自由派現實主義者和策略型現實主義者，逐漸改變對中國的觀感，最終說服、確認、相信中國並非「和平崛起」，進行典範轉移。

認清利益所在，更能夠交朋友

對台灣而言，在佐佐木文子的分類中，「理念型」反中的人物通常是台灣人最喜歡的，但由於他們的反中態度往往是受到其人生背景影響，相當可遇不可求。「商業現實主義者」則是多數台灣人最為反感的，不過很現實地，這些人財富雄厚、在華府握有極大影響力（畢竟政治人物競選往往仰賴政治獻金）。

佐佐木文子分析，台灣應該積極建立並鞏固的，是與「策略型現實主義者」和「自由派現實主義者」的關係。前者是五

角大廈體制中的重要決策者，以阻擋中國制霸亞洲為目標，而台灣位在第一島鏈，擁有絕佳的戰略地位，對美國國家安全極度重要。後者自由派現實主義者則在學界和智庫界占有強勢地位，因為學院訓練出來的研究者、政治工作者與助理們，大多以這類人為主，影響力不僅不限黨派，這些智庫學者、政策界菁英，也是最容易入閣擔任重要職位的人；對他們而言，台灣在威權的壓迫下仍樹立起民主自由典範，無疑是美國在各地推動民主化的重要盟友。

目前，台灣政府對國防發展（包含對美軍售）的重視，以及努力與美國智庫、學政界打好關係，顯示著我們正在如佐佐木文子所說的道路上前行。

◉ 美國「戰略模糊」的三個層次

「假設兩岸發生戰爭，美國會出兵協防台灣嗎？」

這個問題一直以來都反覆出現在美、中、台三方關係的討論中，並且受到熱議，但美國目前在戰略模糊的策略下，並不會直接回答這個問題。然而，有些人對戰略模糊的立意與原則常常一知半解，部分民眾甚至會因此對美國對台政策產生錯誤的認知，進而認為台灣只是美國的棋子，或是懷疑美國是否是在真心幫助台灣。例如，每次有重大軍購案推出的時候，即使軍購內容將大幅增加我國對中國的軍事嚇阻實力，還是有人認為這只是美國所要求的一種「保護費」。又比如，許多坊間謠言也認為這些美國武器都沒什麼用，因為美國不在乎台灣云云。但實情真的是如此嗎？

說起戰略模糊，就要談談美、中、台三國錯綜複雜的歷史。從越戰陷入泥淖開始，美國政策圈有愈來愈多人認為，美國必須要採取新的方式來圍堵共產勢力。而在 1960 年代，因為共產路線之爭、邊境領土糾紛、反對中國執行大躍進運動以及其後產生對蘇聯的債務問題等等一系列的衝突，造成中國與蘇聯徹底決裂，讓美國看到了「聯中抗蘇」的契機。於是，1972 年，時任美國總統尼克森訪中，緊接著 1979 年中美建交／台美斷交，以及中美三個聯合公報（1972 年《上海公報》、1979 年《中美建交公報》與 1982 年《八一七公報》），

加上 1979 年因應中美斷交所通過的《台灣關係法》與 1982 年
為了向台灣解釋《八一七公報》而提出的「六項保證」，確立
了美國對中國、美國對台灣的基本政策方針。如果我們要用一
個大標題來概括這些匯流集結起的方針，那就是所謂的「戰略
模糊」（strategic ambiguity）。

美國「戰略模糊」到底模糊了什麼？

　　我們可以從至少三個層面來解析什麼是美國對台海的基
本戰略方針。第一，是美國在美中建交以來所奉行的「一中政
策」（One-China Policy）。簡言之，美國只能承認一個中國的
存在，並承認中華人民共和國政府是中國的唯一合法政府。而
美國對於台灣主權的觀點，則採取一個相對模糊的方式來處
理。一方面說自己「認知到」但是並不「承認」中國的「一中
原則」（One-China Principle）裡面說台灣是中國一部分的說
法，但另一方面也強調美國不會在台灣主權問題上採取任何觀
點。這就是戰略模糊的第一個層次，也就是美國不會在公開場
合明確地說清楚對台灣主權的觀點。

　　第二，美國強調海峽兩岸之間的主權問題紛爭，應該由兩
造採取和平的方式解決。美國不會主動改變《台灣關係法》、
不會主動要求台灣與中國進行談判，也不會在兩造之間進行調
解。由此觀之，戰略模糊的第二層意義，就是美國在兩岸關係
之間採取一個「不積極」、「不進取」的被動角色。美國不會
明確地要求台灣或中國必須要在兩岸關係上推動什麼顯著的進

展，也不要求兩造是否要展開談判以達成統一，或是追求一邊一國，一切都取決於兩岸關係的發展而定。換言之，美國的戰略模糊，就是去確保這個模糊曖昧的「現狀」繼續維持，因為台海和平穩定才能維護美國及其盟國在東亞暫時的最大經濟與安全利益。

　　第三，為了維持這個現狀，美國致力於維持台灣與中國之間的軍事平衡。而為了達到這個目的，美國將在不會事先知會中國的前提之下維持對台軍售。對台軍售的目的，並不是要讓台灣擁有可以超越中國的軍事實力，當然也不是要反攻大陸，而是在某種程度上讓台灣的軍備可以成功嚇阻中國的武力侵略。根據前國安顧問波頓（John Bolton）解密的一份雷根總統時期制定的備忘錄，當中就明白指出，對台軍售時，出售武器的等級考量是要能夠匹配解放軍帶來的威脅。

　　不過，綜觀海峽兩岸的軍事實力，無論是在國防支出還是常備軍的數量，中國都遠遠超過台灣，兩岸之間始終處於不對等狀態。是此，為了加強嚇阻的效力，美國對於「若中國真的侵略台灣，是否會出兵協防」的這一假設情境上，一直都保持模稜兩可的態度。原則上來說，美國不公開表示會協防台灣（先前唯一的例外是在 2001 年，當時小布希總統曾經公開表示美國會防衛台灣，近期的發展則是拜登總統於 2021 年 8 月，在新聞台專訪時講說台灣是「北約組織」承諾的區域安全一部分，詳後述），但也不排除協防台灣的可能性，只是強調說會採取「必要措施」。而這就是戰略模糊的第三層意義，也是一

般民眾普遍理解到的戰略模糊的主軸。

嚇阻中國

美國在軍事上模糊的安全保證，基本上是用來嚇阻中國的侵略；與此同時，也是要求台灣不要輕舉妄動（追求改變現狀），以招致最壞的後果。

過去，美國與中國有某種程度的共識，只要台灣不單方面宣布獨立，則美國與中國都不會試圖去改變這種模糊的現狀。畢竟從美國的國家利益出發，與擁有核武的全球第二大軍事國家中國開戰，將導致無法想像的後果。是此，即便在美中關係走到冰點的今天，美國也沒有明確的要主動把現階段的美中冷戰提升到熱戰的層次，或是公開放棄對台戰略模糊。例如在川普政府時期，國務卿龐培歐代表美國與日本、印度和澳洲外長在日本進行「四方會談」時，也曾經接受《日本經濟新聞》的訪問，指出美國會竭盡所能地維持兩岸間的和平，消除彼此的緊張情勢。由此可見，美國對台政策的大方針其實並未改變。

拜登政府上台後，將美國與中國的關係定位為戰略競爭關係（strategic competition），多次公開表明中國對美國以及全世界的秩序帶來重大挑戰。而在台灣政策方面，各部門相關人士（例如：國務卿、白宮國安會顧問、國防部長）皆強調「對台灣的承諾堅定如磐石（rock-solid）」，這已成為當前美國政府對台政策的一個主要標題。然而，該「承諾」的具體內容是什麼？在戰略模糊的指導原則下，美國並不會講清楚，我們唯

一能夠確定的事情是，美國明白指出會幫助台灣加強自我防衛的能力。

簡單來說，戰略模糊最大的意涵，就是用來維持下列三個「現狀」：

（1）模糊不清的台灣主權定位。
（2）模糊不清的兩岸關係。
（3）模糊不清的美國安全保障。

美國政策圈多半認為，如果美國放棄戰略模糊，與台灣成立某種正式或非正式的軍事同盟，甚至是建交，則兩岸間的軍事平衡將被打破，造成中國必須更正面的來面對美國強權，尤其很可能會直接訴諸武力。

戰略模糊大辯論

事實上，近年美國政策圈已經出現不少檢討戰略模糊的聲音。之所以如此，主要是因為中國在各方面的發展都愈來愈強大，且開始挑戰美國的領導地位。有些人認為，如果不把事情講清楚，則有可能會造成各方行為者誤判，例如當中國決策者認定美國不會出兵協防，則更有可能發動武力侵略台灣。

在政策圈當中，最「大咖」的論戰之一，來自外交關係協會智庫的主席哈斯（Richard Haass），他也是近年對中國的態度明顯從主張溫和與交往政策為主，轉為認為必須要用更堅定

的手段對付中國的代表人物之一。在外交關係協會出版的「旗艦級」國際關係期刊《外交事務》（*Foreign Affairs*），2020年9月推出了一系列論戰文章。哈斯等人最主要的論點就是，戰略模糊已經不再能夠阻止中國的侵略野心。

認為需要繼續戰略模糊的代表是葛來儀（Bonnie Glaser）。她反對的是無條件地做出軍事承諾，因為如果沒有審慎評估美國將對於「怎樣的」威脅做出承諾，反而會直接讓中國「豁出去」，選擇最直接的動武選項。同時還有一個重要的考量是台灣方面，葛來儀認為，雖然現在台灣執政者（蔡英文總統）的政策和行事作風相當穩定，且和美方的默契很好，但是美國無法確認接下來每一個領導者都是如此。事實上，美方的戰略模糊除了嚇阻中國之外，還有一個目的是要約束台灣不能在追求法理台獨（或其他刺激中國的政策）方面走得太遠，並且把防衛的責任丟給美國。最主要維持戰略模糊的論點在於，政策圈的不少人們認為，假設美國做出超過《台灣關係法》範圍的承諾，那有可能會變成長期對台政策的一部分，這就失去了調整的彈性。

在這波論辯當中，即使反對取消戰略模糊的人，也大都認為嚇阻中國動武是最首要的考量，尤其是假設戰略模糊不存在的話，中國就會認定收復台灣的可能性消失。這種做法很可能會讓中國下撒手鐧，與台灣及美國「硬碰硬」對決（否則無法對國內那些認定必須統一台灣的人們交代，尤其是被文宣教育長時間渲染出的大一統主義與國族主義影響的中國人），進而

造成兩敗俱傷。也就是說，反對調整戰略模糊，並不代表對台灣不好、更不代表傾向中國。大家在辯論的是到底如何才能嚇阻中國動武。

　　從美國華府的角度來看，維持模糊的現狀，的確長時間以來都是最符合其國家利益的作法。即便美國面臨中國的霸權挑戰，嘗試正面壓制中國的這個節骨眼，華府的態度都沒有明確的改變。從成本效益的角度來說，戰爭帶來的花費與死傷，將無法跟現階段用圍堵方式來形成實質壓制中國的現狀比擬。也正因為如此，美國頂多只會「微調」戰略模糊，例如更加強調中國如果動武的話會付出很大的代價，以及不斷釋出訊號說美國會做必要處置，但不會在現在這個時間點上放棄這一策略，也不會明確地做出「會出兵協防台灣」的承諾。美中關係必須走到不可修復的那一步，美國才有可能會在台灣問題上，不再打模糊仗。

戰略模糊往戰略清晰移動？

　　雖然美國暫時不太可能會放棄戰略模糊，但是我們仍然可以觀察到許多調整措施。除了美國行政部門不斷強調的，要加強台灣自我防衛能力之外，2021 年 3 月份還出現了一個很值得觀察的發展。美國國防部於 3 月 15 日刊出一篇名為〈國防部闡述印太區域現況〉（DOD Officials Describe Conditions in Indo-Pacific）的文章，裡面對台灣地位做了一個非常清楚的表態：「中國領導人們談論在中國的統治下統一台灣，但台灣從

來都不是中國的一部分。」[45]

　　前文提到，美國長期以來的「一中政策」和「戰略模糊」這些方針，從來不會針對性的描述台灣地位，尤其行政部門的正式聲明總是會字字珠璣。在拜登政府上台後，許多人原本預期執政團隊會比川普時期更低調一點，更強調模糊不清的現況，但發展方向卻是往戰略清晰移動。拜登政府的作法可以說是首次以行政部門的名義，表明台灣不是中國的一部分。當然，該份聲明並非正式聲明，只是出現在一篇文稿當中，而且7月份時，白宮國安會的印太事務協調官坎貝爾（Kurt Campbell）又重申一次「美國不支持台灣獨立」這樣在台灣主權地位上面的長期立場。事實上，這段時間以來，美國並沒有針對台灣的法律地位做出太多跟以往不同的表態，但是卻在台海的安全防衛議題方面，拉攏日本、韓國、歐盟等盟友一起做出了很多措詞強烈的關注聲明，行政部門也多次強調台海穩定的重要性，並警告中國的擴張行為會付出代價。

　　近期最令人意外的發展是在2021年8月間，拜登總統接受ABC新聞台專訪時，提到台灣和日本及韓國一樣，美國以《北大西洋公約》第五條做出防衛的承諾，也就是當遭遇武力入侵的時候，美國會採取必要回應。在這個發言當中，台灣的地位被提升到跟軍事條約盟友一樣，而且還放在北約（NATO）的承諾底下。雖然說美方仍沒有明講其「必要的回應」具體內

---

45 "Chinese leaders talk of unifying Taiwan under Chinese rule, but Taiwan was never part of China."

容，戰略模糊並未被打破，但相關政策的發展的確是往更清晰的方向移動。

由此我們可以總結：大體上來說，台灣關係的大框架仍有高度延續性，不過拜登政府上台後的美中關係仍然和川普時期一樣，是處於對抗和競爭的關係。也就是說，正因為近期美中關係的發展，讓美國必須要對戰略模糊的內容做出調整，比起以往來說，針對中國的戰略安全議題有更多更明顯的表態。

台灣人應該怎麼看？

對台灣的人們來說，美國明確的安全保障，的確可以增加人民幾分信心。但這種作法同時間可能會激怒中國，造成難以預料的衝突。我們除了要持續關注美國政策圈的辯論之外，還有一個很重要的觀察重點在於，美國的戰略模糊常常在台灣被許多「疑美論」者拿來當做反美的理由，認為美國隨時都會放棄台灣，所以我們應該對中國採取示好、屈從的策略。例如有些政客常常會講說美方不會協防台灣，甚至是美軍一定會被中國打敗的論點，而這些主張的背後立論往往是「遠美親中」。

以前美國戰略模糊的目的之一是要阻止台灣在兩岸議題上走得太快、太遠，但現在美國可能也必須要考量到親中人士散播的失敗主義，以及在中美競爭下，想要站隊到中國那邊的拉力。對一般的台灣人來說，辨識這些近乎於投降主義的主張，也是相當重要的加強自我防衛的課題。

第四章

中美關係大轉折[*]

 中美關係為何大轉變？

在 1990 年代中期左右，中國的加工出口業起飛，開始朝向「世界工廠」的地位發展；2001 年，中國加入世界貿易組織，許多分析家認為中國終將實現「自由化」以及「現代化」的目標，多數國家也可以受惠於這樣的全球化市場，而中國龐大的經濟體以及代工能力，也的確讓不少西方國家和中國發展出經濟上的互賴關係，包括美國在內。

將近三十年來，美國的政策界主流的看法一直認為，把中國納入國際體系當中，尤其是像世界貿易組織與各類國際組織，會讓中國邁向自由化，愈來愈開放。然而，最近幾年，美國輿論的風向劇變，已經有愈來愈多人認知到上述看法不可能實現。

---

[*] 本文初稿曾發表於《端傳媒》及《菜市場政治學》。

　　美國一直很希望將中國變成一個負責任的國際行為者，這樣的思維是這二、三十年來的主流外交政策思想，雖然現在很多人認識到這目標實在難以達成，但大家還在討論到底該怎麼樣讓中國的行為正常一點。美國從來沒有認為打垮中國共產黨會是最好的方式，就算是在許多人認為對中國很強硬的川普時期國安團隊也並沒有這樣的提議。

　　2016 年共和黨執政後，經過一段政策辯論期，最後在 2018 年的時候推出「貿易戰」的方式來應付中國，對美國從中國進口的上千億產品課徵額外關稅。在此同時，美國也以「印太戰略」這樣的政策，將中國列為重大的國家安全與區域和平挑戰者。拜登政府上台後，也將中國稱做「戰略競爭者」（strategic competitor，美國只有在面對蘇聯的時候用過這個名詞）。拜登總統在 2021 年 2 月 4 日的外交政策演說當中，講說美國將會直接面對中國這個「最嚴峻的挑戰者」對美國經濟繁榮、國家安全以及民主價值方面帶來的挑戰。[46]

　　2018 年「貿易戰」推出之際，許多人都很關切：中美之間真的要走向「攤牌」與衝突了嗎？以後續走向看來似乎的確如此。那麼，到底為什麼中美兩國的關係會走到這一步呢？

---

46 "And we'll also take on directly the challenges posed by our prosperity, security, and democratic values by our most serious competitor, China."

美中衝突的系統性原因

在這裡，我們要來以兩位資深記者的觀察和論點，來看中美關係改變的幾個主要原因。

《大國攤牌》（*Superpower Showdown: How the Battle Between Trump and Xi Threatens a New Cold War*）是 2020 年 6 月出版的書，甫出版便獲得中美智庫各界的熱烈討論，由兩位《華爾街日報》的資深記者，戴維斯（Bob Davis）和魏玲靈（Lingling Wei）合著；戴維斯常駐白宮，魏玲靈則是長期在北京。2020 年 3 月，由於中國報復美國對中國官媒的新措施（要求登記成外國使團，以及限縮記者採訪簽證發放）驅逐了多名美國記者，魏玲靈正是其中之一。這兩位記者的通力合作，集合了對中與對美的深刻觀察，更同時涵蓋了駐美跟駐中的記者提供的採訪素材，所以在討論每一個重大事件時，都可以同時看到美中雙方的動作與反應：美國與中國雙方的官員是怎麼看待自己、怎麼看待對方，又是怎麼誤判對方，最後導致兩大強權反目成仇。

這兩位資深記者主要探討的是美國與中國的貿易戰，談的是為什麼美國和中國之間的關係會走到現在這個地步？他們回顧中美如何從 2000 年美國協助中國加入世界貿易組織 WTO，貿易量增加四倍以上，走到 2016 年以後開始逐漸經濟脫鉤，最後走進了許多人認為的新冷戰情勢。此外，他們也對貿易戰中的主要角色做了詳實的背景探討，包括習近平與川普，到談判過程兩造的主要策士們。這些主要角色的傳記透過家庭歷

史、個人小故事等資料，生動地形塑出了他們每一個人堅信的意識形態與偏好，也因此我們可以知道在貿易戰中，為什麼這些參與者會基於不同的信念而與其他角色合作抑或是衝突，以及為何基於偏好做了這些選擇。

有趣的是，兩位記者的經歷也反映了美中關係的變化。魏玲靈的背景特殊。她的外公曾經跟毛澤東一起長征並負責照顧他的健康，魏玲靈自己也在中國出生、長大，可說是根正苗紅的第三代，但她為了報導與自由，選擇到美國念書，取得公民權並進入《華爾街日報》工作。在長駐中國報導多年後，她最後被中國驅逐出境，在家人的鼓勵下，還是選擇了繼續記者志業、與家人分離之路。魏玲靈的個人經歷，反映了中美關係的逐步惡化。在這過程中，中共政權的本質是一個重要的因素。另一位作者戴維斯的個人經歷，則是與家族事業有關——他父親經營的皮革工廠。這類製造業就是在全球化（尤其是對中國開放貿易）之後，成為自由貿易下的大輸家。此類貿易贏家與輸家帶來的浪潮，也是中美關係變化的其中一個重要因素。

中美關係轉變的三條軸線

戴維斯和魏玲靈用大量的訪談資料構築了中美關係從柯林頓以降的各種轉變，闡述了中美關係背後的政治、經濟、地緣政治等結構性的因素。固然領導者的風格和意念會影響雙邊關係的轉變，但其實整個全球化、貿易、產業發展、國際關係等因素，這些才是背後的動力，也是解釋變化的要因。

　　中美為何會走到這一步呢？綜觀戴維斯和魏玲靈的論述，可以整理出三大軸線。

軸線一：商業界

　　第一個首要考量的，是美國企業的立場。《大國攤牌》首章開場就是華爾街 CEO 們對時任國安顧問的波頓（John Bolton）提出的各種疑慮。這些商業巨頭在美國的對中國政策的形成過程中，扮演了重要角色。他們是當時最大力遊說對中國開放的政策，現在卻是最擔心中美衝突的人們。

　　戴維斯和魏玲靈先是回顧了柯林頓政府與時任中國總理的朱鎔基團隊打交道，最後讓中國加入 WTO 的過程。1989 年天安門事件過後，柯林頓在大選時本來強調的審視中國人權、要保護美國企業等，在當選後就變調了。面對即將大舉開放的中國市場，美國企業強烈希望可以前往中國投資，不希望晚一步而被日、歐取得先機。

　　根據孔誥峰教授的研究，中國仔細選擇了可以幫忙遊說的美國企業，並給他們不會實現的承諾（例如說要開放市場，但最後都沒開放），吸引美國企業幫忙遊說。中國花了至少 1 億美金在遊說美國讓中國加入 WTO，此舉也的確有用。柯林頓政府甚至連「年度人權檢查」都放棄了，最後順利通過了給中國永久最惠國待遇，以及讓中國加入 WTO（當時反對此事的民主黨人比共和黨還要多很多）。另一方面，朱鎔基為了開放市場，面對龐大的中國國有企業的反對聲浪，美國的壓力與誘

因，正好用來成功壓下國企反對派，而中國的市場的確因此多了些開放與自由，促進了中美經濟合作與轉型。

　　西方國家認為讓中國加入WTO，他們會遵守規則、走向開放、保護產權。柯林頓認為，中國根本不可能，也無能力控制龐大的網路世界，網路會讓人們走向開放，可以獲取不同的資訊，中共根本不可能閉關自守。當時，鷹派、保守派、現實主義派的學者們或智庫，也都認為中共必定會民主化，因為這個浪潮是擋也擋不住的，但多年後，他們一一承認自己當初的判斷錯誤。

　　戴維斯和魏玲靈指出，對於中國政策立場的動搖，大約是從2009年之後開始的。最先的質疑是來自於那些自由貿易之下的慘烈輸家，特別是像家具製造業這類型的產業。作者們也從商界、學界、政界以及各方面來解釋：為什麼大家對中國崛起的反應這麼慢？簡單來說，是因為大家太天真地看待中國的政治發展，再加上商業利益龐大，以及資料數據取得困難。

　　商界大概從2015年開始轉變對中態度。當習近平在2012年後逐漸大權在握，並讓權力更為集中時，不只民主化的時程顯得更為遙遠，習近平喊出的「中國製造2025」，對於美國企業來說，概念就是要把他們榨乾之後趕走。加上在這段期間，中國針對美國企業的巧取豪奪、對智財權的侵犯始終不斷，讓美國企業開始質疑雙方經濟整合是否已帶來無法承受的經營成本，也開始懷疑到底中國也許不可能真正達成經濟自由化。

　　很顯然地，即便中國加入WTO，自由主義的多邊制度也

沒有辦法讓中國走向制度化的結果。因此，當川普祭出「貿易戰」時，雖然還是有不少企業試圖遊說川普的執政團隊延後或取消關稅，但至少多數企業都開始意識到可能要離開中國，或同意必須有人對中國長期以來的積弊進行根本性的改革，不能再出現像以往那樣有一大堆企業一窩蜂幫中國遊說的情況。這些美國企業已受不了對上中國時無止盡的必輸法律戰，還有總是「被自願」將技術轉移給中國。更重要的是，美國企業在這段時間發現中國原先給予的一些承諾並沒有真正落實，而這無法落實的部分，已經不是單純的人脈問題，而是根本的制度問題。只有制度改革，才能解決這一切。

軸線二：川普

第二個軸線是川普本人。

川普的崛起，就是源自於那些中美經貿合作後長期被忽視的美國勞工。跨國大企業為了利益極大化，自然會搬到勞工成本較低的中國（勞工成本一開始只有美國的5%）。但那些美國勞工怎麼辦？學界的研究指出，在1990至2011年間，有240萬個工作因為與中國貿易而消失，大部分是最底層的工人。川普就是在這種環境下崛起的。

川普出身富裕人家，做房地產崛起，他就是個「商人」。川普過去很反對自由貿易，認為工作會因此外流。他常透過「設定貿易敵人」的方式來獲得支持，例如在1980年代，他就常常說日本是美國貿易上的敵人，但也因此從日本投資客手上

大賺一筆。後來日本經濟泡沫化後，川普逐漸把目標轉向中國。

　　川普始終希望自己表現出「談判專家」與「強人」的形象，這對他的決策模式影響甚鉅。戴維斯和魏玲靈《大國攤牌》裡提到，川普希望透過一個又一個的談判，來讓大家覺得自己很厲害，這也與一開始的川蔡通話、發推文說什麼都可以談有關。既然什麼都可以談，那過去美國很少用的關稅，當然也可以拿來當作武器；那些美國簽過的約，當然可以再簽一次或退出，這些都只是「手段」罷了。當中國的回應居然是用關稅報復，當傳媒居然嘲笑川普，說他在談判桌上對中國太軟弱時，川普往往會不顧阻止，立刻更用力的反擊。另一方面，戴維斯和魏玲靈也提到，川普非常注重立即的效果與掌聲。每次新關稅規定或新政策出籠，當天或隔天股票如何反應，會直接影響到他認為該政策的成敗。因此川普增加關稅之後的幾次美股大漲，更讓他覺得自己的舉動獲得民眾與企業的力挺。

　　戴維斯和魏玲靈透過他們自身的觀察認為，川普本來雖然要求與中國談判，但一開始的方向真的只有雙方貿易逆差的問題[47]（其實，大多數學者們並不認為貿易逆差一定是壞事），至於商業資料洩密、南海議題、韓國議題、香港議題，這些都只是籌碼而已，重點是能不能快速談出一個讓他很風光的合約。然而，川普的談判團隊，一開始就分成兩派，一派是有合約就

---

47 根據美國商務部所公布的 2017 貿易逆差數字，美國對中國貿易逆差達 3,752
　億美元，占美國全年貿易逆差的將近一半（46%）。

好、不一定要關稅制裁的財政部長梅努欽（Steven Mnuchin）派，包括主要談判代表羅斯（Wilbur Ross）；另一派是認為中國不可信、要對中國懲罰並持續檢視的強硬派，此派代表為2017年上任的貿易代表萊特海澤（Robert Lighthizer）。一開始主要是梅努欽派占上風，把中美關係單純當作貿易逆差問題來處理，因此認為多請中國進口美國商品來解決問題就好，中方負責談判的副總理劉鶴也樂得開一系列的購買清單。但隨著時間進展，包括中國數次推遲或毀約、給的清單數額膨風、中國的報復制裁，都讓川普與其團隊愈來愈覺得中國的口頭承諾不可靠，必須實際觀察中國的作為。因此，強調關稅制裁而且不能隨便取消制裁的萊特海澤，最終在內部的論戰中勝出，開始主導談判。

對於萊特海澤等人來說，中美之間並不只是貿易逆差的問題，更重要的問題核心在於貿易的自由開放、智慧財產權掠奪以及國安議題。而這些議題，都需要中國進行制度面的改革才有辦法處理──假如連法院都「姓黨」，那永遠處理不了問題。正是在萊特海澤等人不斷地說服之下，川普本人才說出了華為是國家安全威脅，並支持關稅不可棄的立場。不過，後來兩國達成初步協議後，萊特海澤等人改變了立場，認為必須更小心謹慎，避免刺激中國，才能讓中國遵守協議，這則是後話了。

軸線三：中國轉變

第三條軸線是中國自己的改變。這必須從習近平本人開始

說起，他是改變中美關係的重要因素（甚至，我們也可以說是改變中國在全世界的對外關係的重要因素）。

　　基於過去在各省市執政的經驗，習近平相信共產黨帶領國家經濟的重要性，並意識到在經濟轉型的過程中，意識形態的經營將會更為重要。也正因如此，習近平上任後，開始加大對於國家企業的補貼、在更多私營企業內設黨部來對其加以控制，這完全和大家期待的自由市場貿易等原則背道而馳。與此同時，習近平更強化各種思想與意識形態，破壞了本來集體領導的派閥平衡，改為領導一人集權、無限連任，這些都與美國政界、學界、商界的期待相左，讓眾人漸漸不再相信經濟成長可以帶動中國民主化。

　　不只如此，習近平更常使用「中國夢」或者「百年國恥」作為號召，煽動反美情緒與政策。只要中國對任何談判覺得不滿意，就開始放共軍大敗美軍的愛國劇，並且拿出過去接受過《二十一條要求》的歷史事件，對民眾進行「喪權辱國」的意識形態控制。加上習近平集所有權力於一身，使得他無法承擔任何外交上的軟弱或失敗。負責談判的副總理劉鶴，只是因為習近平害怕站到第一線承擔各方責難，而推出的人選。戴維斯和魏玲靈提到，川普常常刻意要給習近平一些政治威信和談判功勞（credit），希望習近平搞定反對者。然而，習近平卻始終沒有站到前線，而劉鶴的政治權威不足，並沒有主導政策走向的能力，不像朱鎔基可以適當運用美國的壓力來促進改革（事實上，川普的談判團隊也很努力的要把劉鶴帶往這個方向，想

要和中國內部的改革派合作,讓他們可以從內部帶來改變。
但中國的政治結構已不一樣了,劉鶴的政治威信遠遠不如朱
鎔基)。這也讓川、習二人的談判如同開車對撞的「膽小鬼賽
局」(chicken game),誰先閃開,誰就輸了。雙方都不閃開而
繼續往前開,最終只能迎來對撞的結果。

結構性問題讓雙方漸行漸遠

在上述這三大軸線交互影響下,其結果就是中美雙方的發
展從開始交往,到中美經濟密不可分,最後到這幾年反而逐漸
脫鉤。

戴維斯和魏玲靈比較中美雙方的反應,指出雙方在制度與
文化上的差異如何造成更深的鴻溝。舉例來說,一次談判時,
美方擺開了大陣仗帶上所有主要官員,中方因此認為川普非常
重視這次的談判、想要快點有結果,但其實川普只是因為搞不
定主戰派與主和派的兩派官員,因此將所有人都帶出來看看而
已。而在另一次談判時,中方在川普宣布進行關稅制裁後,立
即在政策上有些退讓。中方認為:我們都退讓、釋出善意了,
美國不應得寸進尺,也應該適時減低關稅作為回禮。但對於川
普團隊跟萊特海澤來說,中方的這些反應,反而證明了關稅才
是真正有用的武器,因此對此用得更凶、更甚。

我們可以說,川普政府從 2017 年底一路到 2018 年中段過
後,整個國安團隊對於中國的政策變得更為明確,這其中包括
團隊中有多位很清楚中國政府作為的策士,包括中文流利、長

期待過中國，還曾被武警揍過一拳的博明（Matt Pottinger）。川普的團隊成功地讓美國政界改變了觀點，意識到中國並沒有因經濟成長走向民主化，也的確有對外擴張的企圖。[48]

　　戴維斯和魏玲靈在《大國攤牌》做出的結論是：中美的冷戰已經正式開打，而且短期之內不會結束，因為兩國是一步步地因結構性問題走到今日這樣的窘境。

　　當美國兩大黨的國會議員都在懲罰中國這件事情上達到共識的時候，反而是川普本人仍然把貿易問題當成單純的商業談判來處理。戴維斯和魏玲靈並不同意川普在中美冷戰的作法上採取了最有效率的策略，因為光是美國單邊的行動並不足夠。他們認為，美國一開始就應該積極拉攏日本、歐盟、墨西哥等盟友一起制裁中國，但川普並沒有，反而甩了這些潛在盟友一個巴掌，與其談判新的貿易合約，這導致美國的單邊制裁最終可能事倍功半。另一方面，戴維斯和魏玲靈也質疑川普的替代方案，認為除了貿易戰之外，川普政府並沒有推出在國內的產業升級或投資計畫並當作可行的相應計畫。觀測站成員在與一些官員或企業界人士接觸時，也曾聊到這一點，的確有許多人對美國「撤出中國」的支援計畫感到困惑與不足。尤其，既然川普希望維持美國在科技上的優越與競爭力，那至少應該大舉增加科研經費，而不是大肆砍各方經費。雖然川普提到，減稅

---

48 編注：參見博明在《華爾街日報》2005 年的文章，"Mightier Than the Pen"：
https://www.wsj.com/articles/SB113461636659623128。

可以讓企業把錢花在企業的研發上，但是其實學校的基礎科學研發才是整個國家科技力的基石。

拜登政府自上台以來，不斷強調對中國的政策將會是外交政策的重心，還有要拉攏盟友一起應對中國，同時還強調科學研究和供應鏈重整的重要性。國會兩大黨議員不斷地聯手提出新的法案，準備要提供聯邦政府大筆的預算來投資在科學研究、創新科技以及製造業供應鏈重組方面，表明要與中國競爭。新任貿易代表戴琪（Katherine Tai）也表示，暫時沒有撤消關稅的打算。由此，我們可以看到美國外交政策有高度的延續性存在，而且也正在根據先前政府的政策做出調整，以期能夠更有效地提出面對中國挑戰的策略。

考量國家利益

戴維斯和魏玲靈在《大國攤牌》對於中美兩大強權互動的深入探討，引出了一些非常有趣的學術問題。

第一、所謂的國家利益本身，是各方行為者逐漸互動摸索出來的。從美國來看，川普政府下至少有兩派官員，對於經貿以及國安在國家利益的權重明顯不同，更遑論川普本人更把個人情緒納入國家利益的一部分。這也是為何遊說與增加曝光度在這個時局更為重要。基本上在美國政治裡，外交政策的產出一直都是多方行為者互動下的結果。而對中國來說，從朱鎔基以降的市場開放派與習近平主張的加深管制派，同樣對中國的國家利益有不同的看法。如何精準掌握每個互動中行為者的偏

好，與制度條件下所給予出的互動方式，方可對外交政策與國與國之間的關係做更進一步的判斷。

　　第二、就算確立了國家利益的定義，兩邊政府如何測量、決定這利益的增減也充滿學問。川普本人相信華爾街股市的漲跌，但國安團隊裡有些人看到的是失業率以及關鍵搖擺州的選票。對習近平來說，消滅雜音與異議派閥、維持黨乃至於個人絕對的控制權，才是最重要的事情。中美雙方在計算國家利益時，隨著對未來利益重視程度的不同，算出來的結果也會不同。

　　第三、關於「可信度」的問題。美國在與中國交涉的過程中，對中國提出相關改革的信任程度愈來愈低，並覺得中國在以拖待變，並非真心想與美方談判、取得共識。因此，光從許多協議的字面上來看，中國似乎在許多層面上都順從美國的意思、進行改革，然而美國卻仍加重關稅，不過從實際雙方的互動來看，這些字面上的改革並不代表是雙方實質的互動與進展。雙方心理上如何認定與是否有信任感，才是更重要的觀察指標。

　　第四、要消除中美雙方的新冷戰，可能比美蘇之間的舊冷戰要來得複雜與困難。美蘇冷戰在蘇聯的經濟垮台之後，蘇聯就進行開放與改革；這個程序對西方的市場經濟民主國家來說，其實影響不大。但反觀中國，在習近平的統治之下，要藉由經濟發展來將中國民主化的這個夢，已經不復存在了。但在全球化的經濟結構之下，如果中國的經濟垮台，這勢必代表著全球市場秩序的崩潰，而美國也無法從這波災難中逃脫。這也

就是為什麼，即便美中雙方近年不停地漫天喊價、不停地加高關稅壁壘，但自始至終都沒有完全隔絕彼此的打算，在經濟上的全面「脫鉤」（decoupling）也是不可行的選項。這也正是為什麼雙方最後還是得坐到談判桌旁，簽下第一階段貿易協定（Phase One Deal）。

最後，則是 2020 年襲捲全球的新冠病毒（COVID-19）肺炎疫情，造成了全球市場經濟的斷裂。貿易的供需因為經濟的停擺而產生了矛盾。美中兩國也在隔空喊話，想要把這次肺炎的疫情歸責給對方。事實上，這代表著中美雙方都面臨著巨大的挑戰。對中國來說，雖然在 2020 年第一季之後，國內生產線就回歸正常，但因為國際市場的停擺，而讓這些過剩的產能無處消耗，這勢必會對以經濟成長作為政權合法性的中國政府造成顯著的負面影響；對美國來說，在川普試圖競選連任的節骨眼，殺出了 COVID-19 這個程咬金，讓美國失業率急速上升，最後也成為川普連任失敗的主要原因之一（而且從事後來看，美國開始和中國在「疫苗外交」上面較勁，並且持續調查病毒起源是否來自武漢的實驗室）。從這些事件來看，美中對彼此的敵意勢必會持續增加，更遑論中國根本沒有達成和川普政府簽訂的第一階段貿易協定所規定的，購買美國農產品與高價商品的額度，這愈加重了美中對彼此的不信任。

美中關係轉變關鍵：中國崛起並挑戰美國

《大國攤牌》的結尾很有意思。魏玲靈在白宮現場見證了

第一階段貿易協定的簽署，而戴維斯在辦公室內準備發新聞稿，他想到了父親的皮革工廠：美國已經沒有什麼重要的貨品出口到中國，中國也沒什麼原料出口給美國來課稅，因為相關產業早已外移到亞洲其他國家了。意思是，中美之間的摩擦是整個經濟與政治變遷下的產物。無論是魏玲靈、戴維斯還是我們，都正在見證這個巨大的轉變。

　　過去很長一段時間，相對於其他國家，美國的國力優勢太過顯著，而在「全球化」之下，世界上所有的主要大國都成為夥伴關係，共同追求經濟發展與處理跨國界的問題（例如恐怖主義或氣候變遷），沒人想到出現競爭者挑戰既有秩序時會怎麼樣。然而，隨著中國和俄國對權力的競逐野心愈來愈大，且各自都有在區域內成為霸權的野心，成了迫切需要面對的問題。現在，中國已經被各方認定在許多領域大力挑戰美國，包括軍事與國家安全、商業、科技發展等「硬實力」，以及在文化影響力（軟實力）等各方面，甚至已經有研究報告指出中國正在運用「銳實力」（sharp power），意即非法或者游走法律邊緣灰色地帶的手段，進行「滲透」的工作，擴張其影響力；例如以交換學者或文化交流為名，把人送到美國的學術機構，進行間諜行為。

　　如今美國政策的轉向，其實是因應挑戰者崛起而做出的政策調整。如果挑戰者的態勢沒有改變，那麼現在的大國對峙與競爭的狀態，只會繼續發展下去。

戰略三角是「等邊三角形」嗎？

談「戰略三角」理論如何（不）適用

要談台美關係，就一定會提到兩岸關係，而在過去的研究當中，最常被用來解析美、中、台三邊關係的理論，即是「戰略三角」這個分析架構。戰略三角理論是美國加州大學柏克萊分校政治學者羅德明（Lowell Dittmer）提出的，原本是用來分析美國、中國、蘇聯之間的關係，後來由吳玉山和包宗和等學者引入台灣並依此衍伸，廣泛應用來研究美、中、台三邊關係。

所謂戰略（strategic）的意思是，各方行為者都是獨立行動，大家都知道彼此之間會互相影響，而且會依照對其他行為者的策略進行預測，進而採取對自己最有利的方向進行動作。在運用這個理論分析的時候，我們可以去看各方行為者有沒有符合理論的預期來做出相應的決策。然而，在實務上，這個戰略三角理論卻常被誤用；例如我們常看到有人說美、中、台關係最好維持「等邊三角形」，又或者是很多人說台灣不可以在美中之間「選邊站」。這些說法某種程度上來說，其實都是在講說台灣不要「太親美」。到底這樣的誤解是從哪裡來的呢？

認識戰略三角

要分析所謂美中台關係「等邊三角」的謬誤之前，必須要對這個理論的原型有一些基本了解。羅德明的戰略三角理論是

從三個國家之間的「友好」或「敵對」，來看他們彼此的關係及行為。戰略三角有以下四種型態：

（1）三邊家族型（Ménage à trois）：三方皆為友好關係。
（2）羅曼蒂克型（Romantic）：有一方同時與另外兩方保持友好關係，但另兩方之間互相敵對。
（3）結婚型（Marriage）：其中兩方維持友好關係，同時與第三方交惡。
（4）單邊否決型（Unit-veto）：三方皆為敵對關係。

在三邊家族型的狀況下，三個行為者彼此都是「朋友」。在羅曼蒂克型的狀況下，有兩個行為者互相敵對，此兩者被稱為「側翼」，另一個行為者與敵對的兩方維持友好關係，所以是三邊關係的「樞紐」。在結婚型的狀況下，其中兩方維持友好關係，互為「夥伴」，而另一個行為者同時與身為夥伴的兩方交惡，成為「孤雛」。在單邊否決型的狀況下，三者的關係都不好，三方互為「敵人」。

在戰略三角關係當中，每一個角色獲得的效益不一樣，而每一方都會想辦法往好一點的方向前進，因此會有與另一方改善關係的動機。對此，學者包宗和提出：樞紐的效益大於朋友，夥伴的效益大於側翼，敵人的效益大於孤雛。

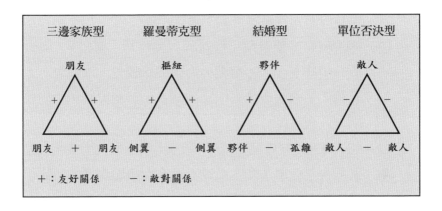

中美等距、等邊交往？戰略三角的盲點

　　我們在前面的章節提到，美國和中國之間的關係已經邁向了大國之間競爭的關係；中國正在挑戰美國的霸權，而且世界上有愈來愈多的國家都認知到，中國正在影響區域及全球的和平及穩定。不過在這樣的時刻，仍然有很多人宣稱台灣不要選邊站，要維持與美國和與中國的等距關係。尤其在台美關係有明顯的進展、升溫的過去幾年，有更多人表示台灣必須要與美中維持「等距」。這樣的說法是怎麼來的呢？

　　若我們單純從理論出發，前面提到，戰略三角理論認為每一方行為者都想要讓自己的角色在三邊關係當中變得更好，不管是處在哪一個三角關係當中，都會想要再更提升自己的角色與地位。那麼，先讓我們看看所有的角度：

　　（1）如果現在是三邊家族型的關係，就會有人說，我們要

　　維持等距交往，不得罪美國或中國任何一方。

（2）如果現在是羅曼蒂克型關係，美國為「樞紐」，與台
　　灣和中國友好，台灣則與中國關係較差，那就會有人
　　說我們要趕快改善跟中國的關係，讓側翼的角色變成
　　朋友或者夥伴。

（3）如果現在是結婚型的關係，在美中關係好的時候，大家
　　當然會說台灣不要當孤雛，而在台美關係好的時候，
　　就會有人說要台灣想辦法當樞紐或美中雙方的朋友。

（4）如果現在是單邊否決型的關係，那當然更會有人說要
　　趕快改善各方關係。

　　最有趣的事情在於，通常主張「美中等距交往」的人們，
只會對台灣「太過親美」提出示警，但卻從來不去定義何謂
「太過親中」。我們知道大家常根據戰略三角理論提出，與大
國保持等比距離才是生存法則，要想辦法維持等距的交往，不
能離任何一方太近。在國際關係理論當中，這樣的動作叫做
「避險」（hedging），但是在這類的討論當中，我們卻常常看到
論者只主張要對美國採取避險，沒有談到也對中國採取相同的
避險方式。

　　其實，單從理論和實際狀況來看，戰略三角理論存在有一
些盲點。

　　首先，所謂的「小國」在很多時候其實根本沒得選。台灣
和美國之間的關係，以及和中國之間的關係，很顯然並不是像

美、中、蘇三邊關係至少在國力上有比較的空間；台灣在美中關係之間，屬於一個權力相對不對等的小國。以台灣的狀況來說，從 1950 年代開始一直都是站在美國這邊，長期以來在經濟上以及軍事上，都和美國有很密切的關係。先不論在冷戰時期美國對台灣的經濟和軍事援助，現在台灣在國防安全上面，唯一可以依賴的對象就是美國（進口國防武器和技術的唯一外在來源國）；在美中衝突之下，中國又對台灣一直有明顯的侵略意圖，台灣更是沒得選邊。

　　台灣和美國在軍事安全以及經濟上如此緊密連結的關係之下，其實不存在所謂「和美國保持距離」這樣的選項。因為在國際關係裡的「避險」，有一種不要太言聽計從、尋求其他平衡者的意思在，但台灣要平衡美國，難道要找那個明白說要侵略台灣的另一方（中國）來平衡嗎？或許對於其他國家來說（例如東南亞國家），可能會需要考量怎麼樣在美國與中國之間保持一定的距離，但是台灣在面對中國毫不隱藏侵略意圖的條件之下，選項十分有限。

　　對台灣來說，當然樂見台美關係持續變好。然而，現在有不少人跟說台美關係「太好了」，應該要維持距離，但如果要與美國維持距離，在實際的政策上會變得相當奇怪；例如，我們應該要婉拒美方代表團訪台嗎？要停止向美國提出軍售需求？現在美國不斷和台灣開會討論「供應鏈重組」、經濟市場調整，我們應該要拒絕美方的善意嗎？所謂的等距交往理論在操作上，往往會推導出如此奇怪的結論。

　　另外還有很多人在運用戰略三角理論的時候，會把台美關係和兩岸關係視為零和的態勢。例如有一種常見的說法是：「台美關係太好了、兩岸關係太差了，所以應該要多花力氣來經營兩岸關係，至於台美關係則保持一些距離沒關係。」像是「七分親美、三分友中」這樣的說法，背後隱含的意思是說：如果拉一條直線，兩端以數字 0 和 10 來表達台灣在中美之間的關係，最靠近中國大陸的哪一端為 0，另一邊則是 10，表示最靠近美國的那一端。在這種觀點之下，台美關係的增強，就一定代表兩岸關係變差，反之亦然。像這樣認為不能夠同時促進台灣與美國，以及台灣與中國的關係，似乎就是誤用了所謂三角分析之後的結果，更忽略了美中關係有時候會增溫，有時候會降溫的現實環境。這類的說法還隱隱然地把「兩岸關係變差」的因素歸咎在台灣和美國這邊，而沒有討論到中國方面的因素。

濫用戰略三角的疑美論者

　　撇開理論上的應用不談，更多時候人們做出這類「等距交往」的出發點，其實常常掉入「疑美論」的陷阱。疑美論者並不否認中國對台灣具有侵略野心，但通常他們究責的對象以及應對的策略，卻跟多數人理解的不太一樣。

　　一般來說，我們會看到這樣子的論點：美國一定會出賣台灣，不管什麼樣的友台政策，背後都不是真心對台（搭配的論點就是：美國都賣台灣沒用的舊武器；隨時都在談判當中把台

灣當作籌碼），因此我們必須要小心提防美國。同時，這些疑美論者知道中國的武力威脅是存在的，但他們認為，中國已經講清楚了會在台灣走向台獨的時候出兵攻打台灣。他們同時間會假設，如果中國出兵，台灣一定會打輸，美國一定不會來幫忙協防台灣。所以為了求得和平，我們必須要聽中國的話。

　　本書當中有許多章節分別處理這些錯誤的論點。例如所謂台海有軍事衝突的時候「美國不會來幫忙」，這其實是源自美國長期以來的「戰略模糊」策略，意即從不表明若中共動用武力的時候，美國會怎麼反應。如此作法目的是要嚇阻中國，並且不會讓中國覺得反正美國「一定會怎麼樣」，於是採取最極端的「豁出去」的這個選項而使用武力來侵台。美國的戰略模糊也是為了防止台灣領導人做出（美國人認為的）不理智決策。或者，美國也是會擔心台灣付出的自我防衛努力不夠，因此才不願意明講說衝突發生時會做什麼樣的反應。至於美國對台灣的幫助都沒用、軍事上都給台灣破銅爛鐵，這些論點大多背離事實。

　　其實戰略三角理論是一個很簡潔的分析架構，可以很簡單地描繪出三方行為者的一些重要考量。然而，這個理論無法提供三方互動下的更多相關脈絡，尤其是大國對小國的意圖，以及大國之間的互動關係。

　　以兩岸關係來說，台灣在馬英九總統時期和蔡英文總統時期採取的兩岸政策截然不同。馬英九總統的主要策略是「調適」（accommodation，通常指安頓、居住，用在人與人之間

的互動上，則有主動進行迎合、為了對方調整的意思），盡量不要刺激中國，以換取兩岸關係緩和；蔡英文總統的主要策略是「嚇阻」（deterrence），加強自我防衛的力量，以增加中國使用武力的成本和困難度。當然，兩位總統不是只有採取一種策略，例如馬總統時期國軍戰備任務都是持續的，而蔡總統時期也不斷表達願意和中國方面多交流。然而，在蔡總統上台之後，由於拒絕承認「九二共識」與「一中原則」（內容是說台灣屬於中國的一部分，但先前馬英九時期認為台灣方面可以自己表述這個「中國」的意涵），所以中國方面主動地拒絕對話、切斷一切官方的聯繫，甚至用經濟方面來制裁。也就是說，中國方面並沒有給予蔡英文執政下的台灣，有任何「調適」的選項。

主張要對中國多採取調適政策的人們認為，只要對北京採取妥協態度，在一些議題上面順應北京方面提出的要求（例如：承認「九二共識」與「一中原則」），那台灣就可以充份地發展與中國之間的經濟機會，並且讓國家的經濟福利最大化。但是讓我們再回到先前提到過的，戰略三角理論當中最大的不足在於：小國很多時候是無法決定大國政策的，也無法影響大國之間的關係。

在處理中國對台灣的侵略野心和各種滲透行為的時候，主張「美中等距交往」的人們，似乎沒辦法徹底回答以下這個問題：中共的這些行為會不會因為台灣方面的政策改變而有所停歇？更遑論，這個問題的答案很明顯就是「不會」（畢竟中國

都持續對全球民主國家進行滲透了，怎麼會停止對台灣的各種統戰行為呢？）。過去在台灣採行調適政策的時候，我們也沒有因此可以獲得中國的允許或同情，而正常地參與國際組織，僅有非常零星的一些參與，更沒辦法因此而與其他國家建立正常的外交關係，甚至連簽署經濟協議都困難重重。

有些人的論點走得更極端，他們覺得中國方面對台灣的強硬言行，都是因為台灣和美國挑釁中國，只要台灣和美國不去挑釁，台灣就會安全了（有些極端親中的人們甚至主張，台灣購買軍備都是在刺激中國）。但是問題在於，台灣不管做什麼事情，中國都是一味打壓到底。從中國的標準來看，似乎台灣不管做了什麼事情，都可以被歸屬於挑釁行為。

美中等距論點的目的

總結來看，有許多人拿出最常被學者們拿來分析美、中、台關係的戰略三角理論，然後講說台灣應該要「美中等距」才能獲得最大利益。但細觀之，實際上這樣的論述常常只是要表達台灣應該「遠美親中」。這些論述常常搭配了「疑美論」，講說美國隨時會放棄台灣，並且稱美國對台政策會讓台灣一起惹怒中國。很多時候，這樣的論點也會搭配指稱中國的經濟和軍事實力強大，台灣無法與之抗衡，所以最好不要惹中國不開心。這些論點常在媒體界流傳，甚至連知識圈菁英們也常常在說，他們只差沒有明指台灣應該要跟中國站在同一陣線來對付美國。

　　正因為台灣的對外政策直接受到美國和中國的互動影響，所以我們必須要嚴肅以對這些論述。認清楚哪些國家是「理念相近」的國家，並做好萬全的準備去面對獨裁國家帶來的威脅，這才應該是我們必須要做好的功課。

第五章

了解全球最大的政府機構

美國各界如何看待台灣？

不管是大方向的外交戰略，或是大戰略下的細節法規，美國的外交政策都能夠對台灣造成巨大的影響。那麼到底這些法案是由誰推動？有哪些影響因素？執行端的行政部門在外交政策上，又有哪些職權與空間呢？

我們都知道法案是由三權分立的立法端（國會）制定，再由行政端執行，但其實大部分的法案都是由行政部門起草、撰寫。當然，國會參議院和眾議院也會依選民的要求、時事的需要、黨派的目標，或根據總統每年在國情咨文（State of the Union，每年1月發表）中提的計畫去草擬法案，而這個時候，與法案相關的利益團體或重要民間組織，就會加入協助推法案。因此接下來，我們就要來一一討論國會、行政單位在外交政策上的職權，以及民間單位如何對外交政策發揮影響力。

國會

美國國會由參議院與眾議院組成。參議院（Senate）共有100名參議員（Senator），每州各有兩位議員作為代表，參議員任期六年、相互交錯，所以國會每隔兩年就會改選約三分之一的席位。美國副總統同時是參議院議長，但只能在投票陷入50:50的僵局時能投票。眾議院（House）中則以各州的人口比例為基準，目前共有435位眾議員（Representative）。之所以美國會採兩院制，是因為建國先賢們希望國會能貼近民意，但又能夠被代表各州政府、不受民情左右的參議院制衡。同時，參議院的設計也是為了保障小州，讓小州可以有跟大州平起平坐的權利。

美國國會兩院的權力基本上是平等的，沒有上下院之分，同樣一個法案需要經過兩院都通過才能送交總統簽署。大體上來說，國會的權力包括：立法、財政控制、任命批准、彈劾和調查，但兩院各有一些專屬的權力。眾議院負責提出財政議案、提出彈劾官員，以及在總統大選選舉人票數打平時，投票選出總統（畢竟眾議院代表的是人民的聲音）；參議院則是可以修改財政議案、審判眾議院提出要彈劾的官員、彈劾總統的最終審判權、批准總統簽訂的國際條約，人事任命權也集中於參議院。

立法程序上，美國國會的議案除了稅務相關的必須由眾議院提出外，其他多是在兩院同時被提出。在研擬立法政策的階段，美國國會有「聽證權」能夠收集與分析各界意見資料或

調查事件，《聽證法》甚至強制規定證人必須出席。草案擬出後，議院會把議案轉給專門的委員會進行研究、辯論、聽證或修改，外交相關的法案當然就是進到「外交委員會」。委員會完成議案工作後，會向議院報告並計畫一個公開討論、辯論、投票的時間，參眾議院所通過的版本如果相同，那麼就會被提交到總統，若兩院不一樣，那兩院會成立一個委員會來協調出統一的版本，再呈至總統辦公桌上請求簽署。總統有十天的時間考慮簽署或否決（veto）法案，若簽署了，那麼議案就成為美國法律；但若否決，那麼法案會在回到兩院進行修改或覆議，如果該法案在國會有高度共識，那麼國會能以三分之二的多數票推翻總統的否決，讓議案自動具有法律效力。只要總統沒有行使否決，就算沒簽署，法案在十天後也會自動生效。有關國會對台灣的看法、對於外交關係的考量，將在下一部中詳述，這裡就先進入到外交相關行政體系的討論。

美國國會法案流程
1. 眾議院提案、參議院提案。
2. 送交眾議院、參議院的專門委員會。
3. 經眾議院院會、參議院院會討論、表決。
4. 兩院協調法案版本。
5. 法案送交總統簽署。

行政單位

上一章提到的「疑美論」思想往往認為台灣不應距離美國太近，要對美國「避險」，而在美國行政體系內部也有「不要與台灣靠太近」的聲音出現，甚至與其他行政部門出現政策分歧；例如2020年9月美國國務次卿柯拉克（Keith Krach）來台，目的就是為了推動美國內部以及台灣政治氛圍以進一步促成台美經貿談判，然而身為美國貿易代表、負責與中國談判的萊特海澤，卻對台美經貿會談持保守態度，擔心影響與中國的談判，《紐約時報》甚至刊出萊特海澤為此與國務卿龐培歐起爭執的報導，不過國務院否認此事。由此可見，美國外交政策制定的角色多元，且會互相拉扯，為外交政策增添不確定性。

接下來要介紹的是外交相關的行政單位，就先從大家印象最深刻的白宮開始吧。

白宮：賓夕法尼亞大道1600號

美國實行總統制，美國總統為行政體系的最高首長，其他的行政職位和組織包括副總統、總統行政辦公室（Executive Office of the President, EOP），以及以15個行政部門首長組成的內閣。以下就先從在白宮工作的外交相關職位與團隊講起。

總統

每當提到美國外交政策，大家第一個想到就是美國總統，但事實上，美國憲法中賦予總統的外交行政權力並不多，僅在

第二章中提到美國總統是陸海空軍元帥，在「諮詢並獲得參議院三分之二的同意下，能提名、任命大使、公使和領事以及與他國締結條約」，[49] 並且將總統的外交事務權力與參議院共享。但在實務上，總統對外交政策的制定與影響力是無庸置疑地重要。首先，20世紀初，因著國際地位和外交業務數量的提升，美國行政與立法部門發展出效率更高的外交政策工具——「行政協定」（executive agreement），不需要像成文法律一樣需要三分之二參議院同意，就可以與他國簽訂協定；雖然在大多數的情況下仍舊需要在事後獲得國會批准，但行政協定仍大幅提升總統在外交事務上的可操作空間。

其次，美國普遍認為總統有終止國際條約的權力，其中一大原因就是源於卡特總統1978年廢止《中美共同防禦條約》而導致的「高華德對卡特案」訴訟案（Goldwater v. Carter 1979）。當年參議員高華德以總統沒有獲得參議員三分之二同意之下廢止條約為由，聯合其他的參議員起訴卡特，[50] 並上訴至聯邦最高法院，不過最高法院最終認為此案屬總統和國會外交權限的政治議題，不予受理。事後，美國法律學會（American Law Institute, ALI，為美國最有權威的民間法律組織）在解讀「高

---

49 Article II, section 2.

50 成為美國憲法課當中的重要案例。但直到今天總統是否有撤銷國際條約的權力仍有爭議，反對方可參考：Harold Hongju Koh, 2018. "Presidential Power to Terminate International Agreements." *The Yale Law Journal* Vol.128. https://www.yalelawjournal.org/forum/presidential-power-to-terminate-international-agreements。

華德對卡特案」時，指出「過去終止條約的經驗都是由總統單邊進行」，[51] 因此確立了對於總統有權撤銷國際條約的普遍認知。

再者，根據 2015 年「茲沃托夫斯基對凱瑞」訴訟案（Zivoto-fsky v. Kerry 2015）[52] 的大法官解釋，由於憲法第二條第三項賦予總統「接見大使及其他公使的權力」，因此也給予了總統承認外國國家及政府的權力，而從這方面來看，川普接受蔡英文通話的意義就非同小可。

接著還有「行政命令」（executive order）。川普上任後退出「跨太平洋夥伴協議」（Trans-Pacific Partnership, TPP），就是以行政命令發布。行政命令是具有法律效力的文件，能在短時間內快速推出、不需要國會審議獲批准，較常用於緊急情況下，指導聯邦體系及政府機構去推行某項政策。行政命令位階雖低於法律，但其影響力和重要性不容小覷，國會也無法直接推翻。因此如果某項行政命令在國會有高度的共識並與總統的

---

51 2018. Restatement (Fourth) of the Foreign Relations Law of the United States. American Law Institute.

52 本案的訴訟當事人是耶路撒冷出生的美國公民。耶路撒冷的地位是長期具有爭議性的議題，國會曾經在 2002 年通過法案說耶路撒冷就是以色列的首都，美國公民在此出生，應註記為在以色列出生。然而，美國行政部門長期的政策是對此立場保持模糊，避免承認耶路撒冷就是以色列首都（一直到川普政府時期，2017 年 12 月才直接打破這個原則）。訴訟當事人的父母因為護照上的出生地被註記為「Jerusalem, Israel」以及「Israel」皆被美國國務院拒絕之後，提起訴訟（Kerry 即審理案件時的國務卿 John Kerry）。最高法院認為，國家承認及政府承認這些都是屬於總統的行政權力，因此，國會無法要求總統對一個外國政府或者領土做出承認的動作。

決定有出入，那麼國會可以透過修訂法律或刪減經費，來架空行政命令。

　　除了法定（或說「類」法定）的外交權力外，美國總統還有許多方式能左右外交方向。譬如總統有高度的「議題設定」（agenda-setting）能力，可以透過多種媒體管道與選民對話，並且身為行政部門首長，能影響各部門的專家，藉此改變、設定國家的外交議程。[53] 擁有豐富媒體經驗的川普總統就是利用選民對話進行議題設定的最佳展現，而與官僚關係良好的歐巴馬總統則是以行政部門首長影響專家，改變、設定國家外交議程的好例子。除了上述的方式，另一個總統影響外交事務的有力工具，是在外交場合上對另一國家的承諾。由於美國對外需展現一致的態度，因此當一總統對另一國家許下承諾時，就算反對方想要更動、扭轉政策，也會相當困難。例如2017年年底川普總統宣布承認耶路撒冷為以色列首都，縱使不少民主黨人在當時大力批評，但拜登上任後，美國也並未撤回川普時期的決定，否則恐怕引來更大的批評與麻煩。

　　看完上面的段落可以發現，總統在外交政策上的影響力極大，因此政策評論人經常會在總統名字後加上「教條」（Doctrine）或「主義」（-ism），顯示該位總統在外交政策上的關鍵角色。

53　Roger T. Larocca, 2006. *The Presidential Agenda:sources of executive influence in Congress.* Ohio State University Press.

副總統

　　美國憲法賦予副總統的權力不多，除了在美國總統因免職、亡故、辭職，或不能執行總統職務時，需執行總統職務外，另一個身分是參議院議長。因此過去副總統更符合三權分立中的「立法」職務，但話說回來，副總統也只有在參議院陷入50:50的僵局時能夠投下關鍵票，因此在二戰以前，副總統一職經常被忽略，實質任務相當少。美國著名百老匯劇《漢彌爾頓》（*Hamilton*）裡，甚至有一段歌詞是這麼寫的：「反正副總統也不是真正的工作。」（Vice President isn't a real job anyway.）

　　不過二戰後，美國副總統在行政權上的重要性逐漸擴大，尤其是在國際事務上，副總統的角色更是提供了執政團隊操作外交關係的空間。因為副總統的階級低於總統，言論或行動不等於立即性的決策，但比起國務卿或其他部會官員，又更能代表整個執政團隊的態度，因此副總統出外訪問或代表執政團隊發表外交言論，遂成為執政團隊表態示意的工具。

　　例如1980年雷根在競選連任時提到要與台灣恢復外交關係，引發美中關係緊張，當時就是派老布希去安撫北京；2018年彭斯在保守派智庫哈德遜研究所（Hudson Institute）的對中演說，也成為川普團隊對中態度定錨的關鍵。

　　不過拜登團隊中，副總統賀錦麗的國際事務參與很可能會比大多數副總統還要少，因為副總統的職務基本上是由總統決定，而賀錦麗過去的經驗聚焦在國內司法議題。相對地，拜登

有豐富的外交政策經驗，長年擔任參議院外交委員會主席，在擔任歐巴馬副手時期，更被指派主責外交事務，因此在拜登任期內，賀錦麗在外交上的參與大概會很有限。

總統行政辦公室

總統行政辦公室，[54] 是 1939 年小羅斯福總統（Franklin D. Roosevelt）為了更有效率地做出各方面行政決定而成立的。這個單位對台灣人而言恐怕相當陌生，不常耳聞，但在行政辦公室底下的「國家安全會議」（National Security Council），大家想必就相當熟悉了。

總統行政辦公室由白宮幕僚長（Chief of Staff）統籌，負責管理眾多白宮官員（Assistants to the President）。可別小看這個祕書的工作，幕僚長能決定哪些事由總統親自處理、哪些由其他職員負責。換句話說，幕僚長能掌握議題的發展方向。而行政辦公室最特別的，就是大多數人員不需通過參議院同意，即可上任。在整個系統底下還有另外 15 個單位，其中與台美關係最相關的是：國家安全會議、美國貿易代表署（Office of the United States Trade Representative, USTR）。

國家安全會議

國安會是根據美國 1947 年《國家安全法》（National Security

---

54 Executive Office of the President of the United States, EOP.

Act）而設立。由於當時美蘇關係日趨緊張，杜魯門總統察覺到單憑國務院的外交專業，已經無法提出有效牽制蘇聯的政策，因此聚集各部門首長，協調、制定跨部門的外交安全政策。國安會議的法定成員有總統、副總統、國務卿、國防部長，法定軍事顧問是參謀首長聯席會議主席，情報顧問則是中央情報局（CIA）局長。但在法定出席人員以外，各個總統可以依時事需要，邀請部會首長或重要人員擔任長期或追加與會成員。近年來，司法部長、國土安全部長、白宮幕僚長，當然還有國家安全顧問，都是經常出席國安會的人物。

　　國安會又可以分為三個層級：

（1）由總統召開的國安會議本身、國安顧問主持的「首長會議」（Cabinet-level Principals Committee，簡稱PC）。

（2）各部長之下次長為主要成員的「次長會議」（Deputies Committee，簡稱 DC）。

（3）以助理層級為主的「政策協調委員會」（Policy Coordination Committees），部分外交決策會由下而上，通過層層關卡進入上層。例如歐巴馬政府在 2010 年 1 月宣布的對台軍售就是先在由副國家安全顧問多尼隆（Thomas Donilon）主持的「次長委員會」通過後，才在瓊斯（James Jones）主持的「首長會議」確認後通過。

　　由於總統也可以行使權力調整國安會的固定班底、人數和架構，因此藉此也可以反映一個總統的個性，還有看待外交與國家安全的角度。

　　以川普總統為例，因著對傳統建制派龐雜組織不信任，在歐布萊恩（Robert O'Brien）任命為國安顧問時，就將人數降低至110人左右，整體國安會功能也較不突出。不過川普將商務部長（secretary of commerce）、美國貿易代表和行政管理和預算局長納入，這反映了川普的商人背景和對於貿易的高度重視。在執政初期，川普甚至將首席策士班農（Steve Bannon）納為國安會和首長會議的固定班底，顯示對於自己人的信任。

　　至於拜登的國安團隊，就明顯著重國際參與議題。除了延續川普和歐巴馬，將駐聯合國代表列為長期國安會議成員，更加入了科學和技術政策辦公室主任（director of the Office of Science and Technology Policy, OSTP）以及美國國際開發署官員（administrator of the U.S. Agency for International Development, USAID）。其他可依情況加入國安會、首長會議和次長會議的成員還包括：美國國家環境保護局官員（Environmental Protection Agency）、勞工部長（secretary of labor）、衛生及公共服務部長（secretary of health and human services）、2021國防授權法新設立的國家資安主任（national cyber director）、網路暨新興科技副國家安全顧問（deputy national security adviser for cybersecurity），以及拜登上任後才設立的2019冠狀病毒疾病應對協調官（COVID-19 Response Coordinator）和總統氣候特

別大使（Special Presidential Envoy for Climate）。

　　從國安會的新增成員就可以發現，相對於將「太空軍」（United States Space Force, USSF）納入美軍體系的川普，拜登政府對於現今的國安對策，更著重在「環境」、「公衛」、「網路科技」、「資安」等軟實力與銳實力的防衛、推動。更直得注意的是，在偌大的國安會系統當中，最大的組成即是印太戰略相關的官員，由白宮新設的「印太事務協調官」（Asia tsar）坎貝爾領導，並新增了一位中國與台灣事務資深主任（Senior Director for China and Taiwan），由羅森柏格（Laura Rosenberger）擔任，[55] 現任的國家安全顧問蘇利文也將中國議題視為第一優先。[56]

貿易代表署

　　因為美中貿易戰和美豬美牛的議題，貿易代表署成為美中、台美關係不能不提的單位。美國貿易代表署主責美國的貿易、商品和投資政策，與他國或國際組織交涉貿易相關議題，與總統一同參加國際經濟論壇或代表美國進行貿易談判的，

55 Robbie Gramer, Jack Detsch, 2021. "Biden's National Security Council Sharpens Focus on China." *Foreign Policy*. 2021.2.18. https://foreignpolicy.com/2021/02/18/biden-national-security-council-china-focus/

56 Ken Moriyasu, 2021. "Biden's Indo-Pacific team largest in National Security Council." *Nikkei Asia*. 2021.2.11. https://asia.nikkei.com/Politics/International-relations/Biden-s-Asia-policy/Biden-s-Indo-Pacific-team-largest-in-National-Security-Council

往往都是貿易代表署的領導人——美國貿易代表（U.S. Trade Representative）。川普時期的萊特海澤就在美中貿易戰期間多次代表美國與中國談判的人物，這個職位目前是由父母為台灣移民、中文流利且精通中國問題的台裔戴琪擔任貿易代表，不僅凸顯執政團隊對中貿易談判的重視，參議院表決戴琪的任命案時，以 98 票贊成、無人反對的壓倒性票數，再次證明中國問題已是跨黨派的共識。

貿易代表署其實在貿易戰和美豬議題前，就對台美關係有著重大的影響力。美國是台灣的第二大貿易夥伴、第二大出口市場及第三大進口市場，台灣則是美國的第九大貿易夥伴（2020 年），超越印度、法國、義大利等國，在 2020 年雙邊貿易總額達到 909 億美金。[57] 為了確保台美貿易的氣氛與品質，貿易代表署的兩份年度報告特別重要，一個是《各國貿易障礙評估報告》（National Trade Estimate Report on Foreign Trade Barriers），另一個則是《特別 301 報告》（Special 301）。

《各國貿易障礙評估報告》臚列各國對美國出口造成影響的貿易和投資障礙，以及過去一年來美政府在提升出口、消除貿易障礙，還有保障國內就業上的努力與成果。從該報告中，可以看到美國對於台美貿易的疑慮，例如 2020 年的報告就對台灣在美國牛肉與牛肉製品禁令表達關切。報告敦促台灣在科學基礎、世界動物衛生組織（World Organisation for Animal

---

57 引用自美國統計局：https://www.census.gov/foreign-trade/statistics/highlights/top/top2012yr.html。

Health, OIE）對美國牛肉風險可忽略的指引與相關協議，對美國牛肉與牛肉製品全面開放市場。

《特別301報告》的名稱一定會讓人聯想到「301條款」（授權美國總統能夠對有不合理的、不當進口限制的國家，或導致美國出口商品損失的出口補貼國家，實施貿易制裁）。沒錯，《特別301報告》就是依據「301條款」推出的報告，但聚焦於智慧財產權的審查。《特別301報告》會把國家分為優先指定國家（Priority Foreign Country）、優先觀察名單（Priority Watch List），和一般觀察名單（Watch List）。除了「優先指定國家」外，被列入其他名單的國家，基本上不會受到美國即時的施壓，但仍舊會是兩國關係發展的疙瘩。台灣在2001至2004年曾被列入優先觀察名單，2009年終於除名。2020年，台灣雖然沒有被列入優先觀察或觀察名單，強化商業機密保障也受到肯定（與歐盟並列），但仍被點名影音盜版的情況嚴重。

白宮以外的行政部門：聯邦政府內閣

討論完在白宮內與總統一同工作的人員、團隊後，接著就要把目光帶到白宮外的部門：聯邦政府內閣各部會。各行政部門的領導人由總統提名、參議院通過，15個行政部門中，和台灣直接相關的當屬國務院和國防部。[58] 根據聯邦法案，這些行政單位的首長組成美國總統、副總統因故發生缺位時的繼任順序，排序在眾議院議長和參議院臨時議長之後。

國務院

國務院[59]就是美國的外交部門，負責執行外交政策，擔任對外溝通的橋梁。國務院領導人是國務卿，現任為歐巴馬時期的副國安顧問布林肯（Antony Blinken）。

從國務院人事從 1789 年建國時的六人擴增至 1960 年代的近兩萬人，再到今天超過七萬名僱員，就可以清楚地看到美國國際地位的轉變與提升，以及身為一個全球第一強權的龐大外交業務，因此人事體系當然也要劃分清楚。

在國務卿之下有六個國務次卿（Under Secretary），分別執掌：軍備控制暨國際安全事務（Arms Control and International Security）、平民安全暨民主人權（Civilian Security, Democracy, and Human Rights）、經濟發展暨能源環境（Economic Growth, Energy, and Environment）、行政管理（Management）、政治事務（Political Affairs），以及公眾外交暨公共事務（Public Diplomacy and Public Affairs）。各個國務次卿底下又有 2 到 12 位不等的助理國務卿（Assistant Secretary）主管不同的子業務，其中負責台美關係交涉的是「東亞暨太平洋事務部門」（East Asian and Pacific Affairs, EAP）。

在川普時期，東亞助卿是由曾拜訪台灣，一直以來也都

---

58 其他的行政部門包括：財政部、司法部、內政部、農業部、商務部、勞工部、衛生及公共服務部、住房及城市發展部、運輸部、能源部、教育部、退伍軍人事務部、國土安全部。

59 Department of State，俗稱 State Department。

相當挺台的史達偉（David Stilwell）擔任。拜登政府上台後由
東亞事務部門的資深外交官金成（Sung Kim）代理，[60] 而就在
2021 年 2 月，台灣的駐美代表蕭美琴和金成會晤，國務院的
「東亞暨太平洋事務局」更在會後主動在推特上公開發布兩人
會面合照，延續川普時期所打破的「不公開」傳統。

　　在國務院中，還有個鮮為人知，卻舉足輕重的單位——國
務院政策規劃處（Policy Planning Staff）。國務院政策規劃處
是國務院的中樞神經，負責所有國務院的文稿以及政策大綱規
劃，是國務卿的首席外交政策幕僚團隊，而創立政策規劃處的
正是提出對蘇聯實施「圍堵策略」的肯楠（George Kennan）。

　　政策規劃處主任（Director of the Policy Planning Staff）
是由行政任命，往往是由最能綜觀全局、最具全面性的人擔
任。歷屆主任很多是赫赫有名的外交國安策士。在政策規劃處
主任底下的，有職業外交官（Foreign Service Officers）以及
來自不同領域的學者專家，包括：學界智庫人士、商業顧問、
情報分析師、前國會工作人員、退休軍官等，甚至連急診室醫
師都在其中；透過這種政務官和事務官的激盪，讓美國的外交
政策保有一定的高度，以面臨千變萬化的世界格局，以及其所
帶來的挑戰。拜登的國安顧問（相當於我們的國安會祕書長）
蘇利文在 2011 至 2013 年期間就曾任職國務院政策規劃處主

60　本書截稿時，拜登已提名駐越南大使康達（Daniel Kritenbrink）為新任亞太
　　助卿。

任；龐培歐任內的首席中國政策和規劃顧問余茂春博士，也是任職於政策規劃處。[61]

國務院對國際情勢以及台灣的態度，我們絕對要相當重視。舉例來說，國務院的譴責聲明與推出的報告，就是值得關注的指標。在外交上，譴責是個非常重要的動作，不僅是給外交政策圈的人看，也傳達了強烈的訊息，宣示國務院的立場；報告除了有表態的意義，還包括了闡明國務院對外態度與政策背後的事證與邏輯推理。例如，規劃處 2020 年發表的《中國挑戰的方方面面》（The Elements of the China Challenge）就說明了美國如何了解到中共全球性的野心，以及列舉中國對美國構成的挑戰。另外，國務院每年也會向國會提交《各國人權報告》（Country Reports on Human Rights Practices），審視各國的人權狀況與進展；《投資環境報告》（Investment Climate Report），由各地的駐外單位執筆，提供在地資訊、評估投資環境。相對於經常忙於奔波國會山莊和選區之間，專長各不相同的國會議員，行政部門有充沛的文官與技術官僚，可以深入分析與研究特定議題，因此縱使立法與行政在三權分立中應當互相制衡，但在現實中，立法端常常需要仰賴這些報告做為議員們評估跨國關係發展、審查外交相關法案的重要指標，對那些非外交專業的議員來說，更是必要的參考。

---

61 台灣政府針對該單位的對口，就是外交部底下的研究設計委員會（研設會）。

從國務院解禁「內規」看《外交指南》及《外交手冊》

在台美關係上，根據《台灣關係法》兩者為「非官方」關係，因此國務院與台灣的接觸與「正常」國家不同，但在2021年初，前國務卿龐培歐宣布廢止國務院內部針對與台灣官方接觸限制的「內規」（internal guidelines），也讓許多人好奇所謂的「內規」到底是什麼？

若看國務院的正式聲明，其中指出，在《外交指南》（Foreign Affairs Manual）或《外交手冊》（Foreign Affairs Handbook）中規範行政部門行為的段落將解禁，且除了透過美國在台協會（AIT）以外，其他實體互動之限制均應廢止。那麼《外交指南》以及《外交手冊》又到底是什麼？台美之間的行政部門互動又有哪些規定？

首先，《外交指南》及《外交手冊》是國務院明文訂出並且全文公告上網的行動準則，內容具體規定了外交體系的組織、人事，以及行動相關規章，有點像是我國的外交部的組織法、證明文件處理辦法、與各式外交行政事項處理辦法的綜合體。《外交手冊》當中一共有23條跟台灣相關的規定，較多跟國務院的組織和日常行政有關，例如如何註記以及分類台灣。而《外交指南》當中一共有35條與台灣相關，大多是規範外交領事人員的處理方式。其中最有趣的，大概是跟外交部領事事務相關的規定，尤其是申請護照及簽證時的註記方式：針對台灣人申請的情況，特別有一條註明表明台灣是「地理名詞」。申請人如果來自台灣但說自己出生於中國，那必須

把他註記為「出生在中國」；如果說自己出生在台灣，就必須
註記此人「出生在台灣」。值得注意的是，如果申請人寫說
出生自「Taiwan, China」，那就必須要問他到底是「Taiwan」
還是「China」？因為規章上特別規定不能夠註明「Taiwan,
China」、「Taiwan, Republic of China」，或「Taiwan, ROC」。

在《外交指南》「承認護照」的相關規範章節中，特別標
記了台灣、不丹、加薩走廊與伊朗這四個非邦交國或領土。此
時，「台灣」這個名詞變成一個「跟美國沒有外交關係的政治
當局」（authority）。另外還有章節是賦予美國在台協會「準」
領事館的地位，可以發簽證和判斷外交豁免的範圍。除此之
外，從公開文件當中，我們無法找到限制行政部門與台灣官方
接觸的規定，因為這些都是「內規」，這也是此次龐培歐宣布
解禁最引起討論之處。

「內規」的具體規範從來沒有公開過，唯一確定的公開資
訊是，美國政府在1994、2001、2006與2015年前後都曾些微
調整美台關係往來準則。但從雙方互動來看，過去我們的駐美
外交人員以及行政官員，在原則上不得進入白宮或國務院。此
外，台灣能夠訪問美國的官員層級也有很多限制，我們也不能
用官方名義舉辦跟國家主權相關的活動（例如國慶活動）。我
國的駐美代表處及辦事處，更不能在「室外」展示國旗（有些
領事館的變通方式是將國旗放在透明玻璃室內，如此一來外面
的人可以透過玻璃從外面看到裡面展示的國旗）。

根據新聞報導，2015年歐巴馬政府曾經因為台灣時任駐

美代表沈呂巡在雙橡園舉辦元旦升旗典禮但沒有事先通報，而修改了「內規」。當時沈大使未通報美方就在具官方性質的地點公開舉辦升旗典禮，甚至還有許多穿軍服的代表參加，其高調行為的確讓美方相當錯愕。事後沈大使據理力爭，認為台灣不能事事受限於美國，應該要自信地展現主權象徵，這在當時著實引起了一場外交災難。但其實這些新聞報導裡提到的新增「內規」限制與台灣官方交往的慣例，早已存在很長的一段時間（例如：升旗典禮都是由僑團主辦，並且辦在學校或者公園），並不是在歐巴馬時代才出現的，推測當時的作法是正式將某些規定「明文化」（例如：明講中華民國國旗不得出現於美國政府場地、宣傳或是網站上，因此造成後續有許多地方撤下我們的國旗），但這些同樣並未對外公開。

　　過去有很多人不斷呼籲美國政府修改這些限制與台灣交往的規定，包括台美人社團長期爭取，以及國會部門在多個法案當中加入呼籲檢討的文字。2018 年的《台灣旅行法》（Taiwan Travel Act）就呼籲加強雙方官員互訪交流，2020 年的《台灣保證法》（Taiwan Assurance Act of 2020）也呼籲政府檢討國務院對台交往限制並定期向國會報告。

　　在川普政府執政的最後十天，龐培歐國務卿宣布全面廢除台美交流的內規。在拜登政府上台後，重新審視了關於台美交往的政策，國務卿布林肯於 2021 年 4 月的時候，推出全新版本的內規。根據媒體披露的內規內容，這個新版本的內規將幾乎拿掉所有以前曾經有過的限制，例如外交與行政官員互相出

入對方的官署將不再被視為禁忌，而且拜登政府還很鼓勵台美雙方的官方人員交流。然而，目前美國畢竟還是沒有以主權國家的身分承認台灣，因此在眾多的解禁中仍留有一些限制，亦即美國的一中政策不能更動，雙方不會有任何關於主權承認的交流活動。對台灣來說最重要的是，美國國務院表示，將全力推動台美雙方官員的交流，深化雙邊關係。台美關係能有如此「正常化」的進展，是我們樂見，也會持續追求的。

國防部

台美關係（中華民國與美國）起始於戰略結盟，直到今天，台灣在第一島鏈以及科技研發的戰略地位，仍舊牽連著美國以及民主擴張的全球戰略地位，因此對台灣而言，美國國防部制定的戰略方向，以及如何看待與台灣的戰略合作，都與台灣的國安息息相關。

美國國防部[62]的目標是嚇阻戰爭，提供各種軍事選項，確保總統和外交部門能在與他國談判時取得優勢，維持國際領導地位。如果讀者看完上述的行政部門介紹後，覺得美國國務院的體系很龐大，那麼接下來美國國防部可能會大得更讓大家驚訝。

美國國防部是整個美國政府中最「大」的部門，有超過320萬名人員（140萬現役，70萬文職僱員，以及110萬名在國民警衛隊和預備役部隊中的公民）。主導這個可說是歷史上

---

62 Department of Defense, DoD，俗稱「五角大廈」（The Pentagon）。

最強大軍事體系的，即是國防部長，不過值得注意的是，依照
美國法律，這個位置必須要由文官擔任，若是軍人，退役七年
內不得擔任國防部長，否則就要特別經過國會參議院的聽證認
可，才能勝任。這樣的設計，是為了要防止軍隊因集權而顛覆
國家政權，展現了美國立國的民主精神。川普第一任的國防部
長就是在國會的認可下，退役三年後入閣的「瘋狗」馬提斯
（James Mattis，以超級鷹派為名），目前的國防部長則是退役
四年的陸軍四星上將奧斯丁（Lloyd Austin），這樣子豁免退役
年限的任命並不多見。

　　在國防部底下，與台灣最相關的是印太事務助理部長，拜
登政府上台之初由海大衛（David Helvey）代理，在此之前，
這個職位是由華府智庫「2049 計畫研究所」主席、過去台美
中議題上相當重要的薛瑞福（Randall Schriver）擔任。參議院
於 2021 年 7 月通過人事案，由同樣主張對中國採競爭關係的
瑞特納（Ely Ratner）接任。

　　對台灣而言，除了透過國防部長的言論、背景、意識形態
來推斷美國國防部的對台方針外，還有幾個指標可以窺見美國
的戰略重心和策略方向。

　　首先是長期的觀察指標，包括盟國的駐軍、軍事援助和
軍售的波動。美軍在全球的部署反應著美國因應國際局勢所作
出的對應、調整。冷戰末期，美軍在鐵幕前線的西德布有將近
25 萬大軍。冷戰結束後，部署在德國的美軍員額逐年遞減，
但在亞太地區的日本及韓國始終各維持著約 4 萬駐軍。911 事

件後，美軍主力投入中東戰場，但在 2011 年逐步撤出伊拉克、阿富汗後，美軍海外重點駐地又回到了亞太地區的日本、韓國，以及德國、義大利等北約傳統盟國。

美國除了直接在盟國駐軍，也會透過美國國際開發署（United States Agency for International Development, USAID）向盟國以支付（disbursement）或債務（obligation）形式提供軍事援助。長年以來，以色列與埃及是美國軍事援助的主要接收國。冷戰結束後，美國軍事援助對象擴及到拉丁美洲、非洲、南亞、甚至俄羅斯等前共產集團國家。伊拉克、阿富汗戰事爆發後，美國也對這兩國政府投注大筆軍事援助。近年來，美國逐年減少對這兩國的軍事援助，以色列及埃及又成為美國軍事援助的大宗接收國。當然，美國也會透過軍售方式支援盟友。與提供軍事援助不同的是，美國提供軍售的對象，多是較為富有的北約（如英國、義大利）、亞太（如日本、韓國、台灣、澳洲），以及中東產油國（如沙烏地阿拉伯及阿拉伯聯合大公國）。台灣在 1980 年《中美共同防禦條約》中止後，與美國沒有正式同盟關係，因此美國無法像過去那樣在台駐軍或提供大筆軍事援助，但基於《台灣關係法》，美國仍能透過軍售方式提供台灣防禦性武器。近三十年來，台灣都是美國軍武的大買家，約排在第十名，超過印度、加拿大、以色列等國家。

從以上指標可以發現，美國戰略重心雖一度在反恐戰爭及伊拉克戰爭期間放在伊拉克及阿富汗等中東戰場上，但始終以駐軍或軍售方式支持印太地區盟友。在美軍逐步撤出中東戰場

後，印太地區相對成為美國全球布局的新戰略重心。

　　再來是較為立即性的指標——《國防授權法案》。所謂的《國防授權法案》就是美國國會每年都會通過、用來挪用預算於國防支出的法案（有關國防授權法的介紹與分析會在第八章詳述）。由於直接涉及預算的分配，因此在法案中有否提及盟友、競爭對手，是最實際反映美國對一地區的重視與否。不過，《國防授權法案》對行政部門沒有強制力，國防單位仍能夠因實務或政治考量調整政策，因此國防部參考《國防授權法案》的程度也相當值得關注。例如川普政府時期的《國防授權法案》，美國國會建議邀請台灣參與軍事演習，不僅去除掉歐巴馬時期法案中「也邀請中華人民共和國參與」的前提，還指出這樣的軍事演習可以是環太平洋或紅旗軍演，[63] 然而因為法案無強制力，台灣至今未仍受邀參與環太平洋或紅旗軍演，也未能取得軍演的觀察員地位。若台灣未來能獲邀參與軍演或取得觀察員位子，勢必是台美關係的一大突破。

　　另外，就和國務院一樣，從美國國防部發布的報告也可以看出國防部對中或對台的態度，以及觀察未來美國可能的政策方針。例如 2019 年的《印度太平洋戰略報告》（Indo-Pacific

---

63 環太平洋軍演（Rim of the Pacific Exercise, RIMPAC）：每兩年在的夏威夷群島周邊和珍珠港舉行，由美國太平洋司令部指揮，澳洲和日本為固定成員，是世界上最大的國際海上演習，電影《超級戰艦》就以此為背景；紅旗軍演是每年在美國內華達州為期六週的空軍軍演，有 17 國盟軍共同參與；紅旗軍演（Exercise Red Flag）：美國與盟國空軍一同舉行的實戰模擬演習，每年舉辦 4 至 6 次。

Strategy Report）就以「修正主義式強權」形容中國，顯示美國的對中態度。而根據 2000 年《國防授權法案》的要求，國防部每年也會針對中國的軍事戰略向國會提交《中國軍力報告》（The Military Power of the People's Republic of China）。2020 年的《中國軍力報告》就指出，為了面對中國在太平洋具有優勢軍事系統和能夠威脅美國的洲際飛彈數量，美國有意在西太平洋打造一個如北約組織般的防禦聯盟，而 2021 年國會通過的《2021 財政年度國防授權法》就提議建立「太平洋威懾倡議」（Pacific Deterrence Initiative），撥款 22 億美元來強化美軍在印太地區的抗中能力以及與盟邦的合作，明顯是效仿 2014 年用來回應俄羅斯出兵克里米亞時的「歐洲威懾倡議」（European Deterrence Initiative）。從 2020 年的《中國軍力報告》內容，到 2021 年的《國防授權法》就可以看到國防部的對中報告直接影響國會的預算分配。

美國情報體系

　　最後一個要提的，是與國際關係、美國國安高度相關的情報體系。[64] 美國的情報單位因為好萊塢電影在全球赫赫有名，最為人熟悉的，當屬曝光率最高的中央情報局（Central Intelligence Agency, CIA）。不過除了中央情報局外，美國情報體系共有 18 個機構，包含國防部底下的九個以及其他

---

64 United States Intelligence Community, IC.

各行政部門底下的情報相關單位，如國務院下的情報研究局（Bureau of Intelligence and Research, INR）、太空軍底下的第七太空三角翼部隊（Space Delta 7）等。整個體系由美國國家情報總監（Director of National Intelligence）領導，直接向總統匯報，透過情報蒐集、保衛美國國家安全、穩固國際地位。2021 年 5 月拜登正式要求美國情報體系調查病毒起源，並在九十天內呈交報告。

　　如第四章提到的，中國以數據、網路、輿論帶動的「銳實力」侵蝕日益嚴重，因此也提高了情報體系在美中對抗上的重要性，包括調查孔子學院、中國盜竊機密資料等事件，以及華為與中共中央的關係等。而講到美國情報，不能不提「五眼聯盟」（Five Eyes），也就是美國與英國、澳洲、加拿大和紐西蘭組成的情報共享網，上述有關中國的情報，美國也會分享給「五眼聯盟」成員。至於台灣，作為資深美國盟友，台美間的情報合作事實上早從二戰就開始了，到了 1960 年代，更有我國空軍與美國中央情報局的著名合作「快刀計畫」與「新生計畫」。其中以 U-2 偵察機從事高空偵察的黑貓中隊，就幫助台美最高當局及時決策和應對中國首次核試爆。如今，台美仍保持戰略對話，並有「華美軍圖會議」作為軍用圖資交流的管道、交換製圖科技。

民間團體

　　美國在全球各地的廣大影響力和她的民主制度設計，讓許

多代表不同宗教信仰、文化團體、環境理念和商業目的的多種民間力量，包括智庫、利益團體和媒體等，都嘗試以不同的角度推動、影響美國的外交政策。

智庫與學界

對華府政治系統而言，智庫與學界都是傳承專業、培育人才，以及交換研究資訊的地方。美國共有至少1,871個智庫針對不同的政治、社會和經濟議題提供研究、分析、建議以及政學界交流的平台，產業規模龐大。[65] 在美中台關係方面，影響力、話語權極高的智庫，舉例來說，包括：大西洋理事會（Atlantic Council）、布魯金斯研究所（Brookings Institute）、卡內基國際和平基金會（Carnegie Endowment for International Peace）、戰略暨國際研究中心（Center for Strategic and International Studies, CSIS）、外交關係協會（Council of Foreign Relations）、哈德遜研究所（Hudson Institute）、2049計畫研究所（Project 2049 Institute）、史汀森中心（Stimson Center）、德國馬歇爾基金會（German Marshall Fund）、以軍事情報分析為主的蘭德公司（RAND Corporation），以及傳統基金會（The Heritage Foundation）。近年更有一個專門研究台灣議題的智庫：全球台灣研究中心（Global Taiwan Institute）成立，提供更多台灣相關政策研究的能量，從人文藝術到人道發展，擴大華府智庫

---

65 根據賓州大學2019年《全球智庫指數報告》（Global Go To Think Tank Index Report），台灣目前的智庫數量為61個。

圈的台灣議題範圍。至於學界，美國更是集結了多所全球頂尖大學，聚集著名的學者與來自世界的精英。

　　許多官員卸任後會選擇進到大學任教或進到智庫，繼續發揮影響力，傳承專業。例如：川普的副總統彭斯就在卸任後進到傳統基金會，擔任榮譽研究員。智庫與學界也是人才的培育地，今年就有13位布魯金斯研究所的研究員或顧問，進到拜登的行政團隊，包括國安會裡的中國事務主任（China Director）杜如松（Rush Doshi），而在川普時期，國防部長艾斯培（Mark Esper）、台裔運輸部長趙小蘭（Elaine L. Chao）和白宮行政管理和預算局沃特（Russ Vought）都曾是傳統基金會的研究員。而執政團隊所大量聘用的智庫來源，也可一窺其意識形態。

　　智庫與學界出版的報告、政策意見、受媒體採訪的內容、主辦的論壇，都有協助推動議題、意識形態和遊說的效果。由於台美的非官方關係限制，台美官員交流或是台灣官員表態的機會，也會由智庫作為中間的協調者，例如第一章提到 2019年台美官員共同出席，而且雙方會面對外公開的「台灣協助拉丁美洲暨加勒比海發展之角色」論壇，就是由戰略暨國際研究中心舉辦；2020 年 8 月，台灣經濟部長王美花和當時的美國國務院亞太助卿史達偉，也藉由傳統基金會的視訊研討會交流；王美花部長更在其中表示簽署台美雙邊貿易協定（Bilateral Trade Agreement, BTA）的意願。

利益團體

利益團體（Interest group）顧名思義成員因共同利益而結合，如美國商會及有線電視公會等，利益團體會透過各種手段，如與政治人物的私交、遊說（lobby）、與政黨互動、大眾媒體宣導、提出訴訟、示威、罷工，甚至暴力等，來製造壓力、影響政府及決策者。利益團體經常雇用專業律師團隊、前國會議員或助理、遊說公司的公共關係專家，來確保或實現追求的利益。同時，利益團體遊說時也會使用前一章提到的行政部門報告或是智庫研究，為其論點背書。

外交、國際事務相關的利益團體中，最著名且力量龐大的外交利益團體當屬親以色列的遊說團體，其主要目標是讓美國國會或政府支持維護以色列的安全。在眾多的以色列利益團體中，又以「美國以色列公共事務委員會」（AIPAC）最為重要且影響力最大，會員數逾10萬，每年募款金額超過一億美金。[66]普遍認為以色列之所以能成為美國對外援助的最大接收國，就是有賴AIPAC長期的關係經營與遊說，[67]其每年的政策大會更是許多政治人物必參加的場合，2016年大選，希拉蕊（Hillary Clinton）和川普都未缺席；2020年，川普也派彭斯和龐培歐兩

---

66 Julie Bykowicz, Natalie Andrews, 2019. "Pro-Israel Group Lobbies for U.S. Aid, Funds Congressional Trips." *The Wall Street Journal*. 2019.2.14. https://www.wsj.com/articles/pro-israel-group-lobbies-for-u-s-aid-funds-congressional-trips-11550174834

67 利益團體的遊說的內容，如對象、支出金額、遊說目的、影響的法案、資金提供者等，都會刊登於「國會紀錄」（Congressional Record）內，供公開審視。

個重要決策者赴政策大會發表演說，拜登和民主黨籍參議院的多數領袖舒默（Chuck Schumer）也分別錄影、上台發表。

親以色列遊說團體的一大支出還包括投資、贊助頂尖大學的政治外交相關科系學生到以色列旅遊，認識民情、科技、文化，並與當地的重要官員交流，讓這些來自世界各地、未來高度可能影響外交政策的人，能透過這樣的旅遊對以色列產生好感，進而鞏固親以色列的國際優勢。觀測站的其中一位小編就曾參加過這樣的以色列「統戰團」，不過，除了資助者是非官方的，與中國統戰團不同外，小編參加的團也有帶我們進到巴勒斯坦，與當地人交談，甚至與巴勒斯坦官員交流，了解對立面的想法。

以色列靠著強大的遊說力量，讓這個在美國只有3%人口，且主要集中在九個州的群體，能夠對美國的外交政策產生重大影響力。以深化台美關係、提倡支持台灣安全的利益團體「台灣人公共事務員會」（Formosan Association for Public Affairs, FAPA），1982年成立之初就是想效法AIPAC進行的遊說活動。[68] 如今FAPA已經發展成為台美關係的主要推手之一，在全美各地皆有地方分會，推動草根性的國會遊說行動。例如2018年通過的《台灣旅行法》，一開始時就是由FAPA在背後推動

68 游台仁，2020，〈美國最有權力、讓兩黨又敬又畏的「以色列遊說團體」給台灣人的一堂課〉，2020.11.4. https://www.businesstoday.com.tw/article/category/80392/post/202011040014/ 美國最有權力、讓兩黨又敬又畏的「以色列遊說團體」給台灣人的一堂課。

的；去年夏季，美國疫情蔓延之時，FAPA 也透過捐贈美國口
罩，深化台美關係與互信。在 FAPA 成立之初，即成功地說服
許多國會議員支持台灣的民主化運動及人權相關議題，當時美
國國會的許多法案或決議案，成為民主化過程中的重要支持力
量；這幾十年來，FAPA 也協助推廣了許多台灣相關議題，爭取
國會議員們的支持。雖然 FAPA 的影響力不太可能像 AIPAC 般
巨大，但無疑已經成為台灣在國會山莊交朋友的重要支柱。

新聞媒體

　　媒體作為民主社會的第四權，在外交政策上，也應當成為
制衡、監督政府決策的機制，但過去的政治傳播研究卻發現，
外交事務的報導往往是強化主流和菁英階層的想法，鮮少提供
不同的論點與視角。[69] 研究也一再發現，美國公眾對外交事務
和外交政策的了解相當低，再加上比起國內消息，國際事務的
新聞與大眾生活距離感高、難有相關的經驗，因此民眾高度仰
賴媒體報導來取得國際知識，這又再鞏固了菁英的外交政策角
度，讓美國民眾在外交事務上的態度偏向一致。[70] 這樣的現象
也可套用在美國的對中態度上，當華府對中政策正進行「典範

---

69 Sean Aday, 2017. *The US Media, Foreign Policy, and Public Support for War*. The Oxford Handbook of Political Communication.

70 John Aldrich, Christopher Gelpi, Peter Feaver, Jason Reifler, Kristin Thompson Sharp, 2006. "Foreign policy and the electoral connection." *Annual Review of Political Science* Vol. 9: 477-502.

轉移」時，主流媒體，不論保守派或自由派，也跟著改變了對中報導的態度，不但更注重中國種種不負責任、違反人權的行為，報導台灣新聞時，也大幅減少以「麻煩製造者」的角度解讀台灣。而從皮尤研究的民調則可以清楚看到，美國大眾對中國的負面觀感也在典範轉移後來到歷史新高。

隨著台灣防疫的優異表現頻頻登上媒體版面，從菁英階層到民間大眾對台美關係的關注度皆有所提升。觀測站成員在 2020 年期間從被邀請研究合作、參加論壇、發表言論的次數，就能明顯地察覺到美國學術界對於台灣人的友好度飆升，美國民眾談及台灣時，也會提到台灣的優良防疫表現與人權進展。不過若說新聞媒體無法影響外交政策，也並非如此。

在台灣，大家常會討論：「當共軍襲台美軍是否會來支援？」不少評論人會以越戰的經驗，以及著名的 CNN 效應（CNN effect）[71] 的假設指出，美軍傷亡的新聞一轉播回美國，人民一發現有人傷亡，就會開始反對介入他國事務，但事實上，在過去的研究中並沒有發現兩者之間有直接關係，反而是執政者對於媒體影響力的認知，會使他們偏向採取避免或限制美國陷入風險的政策。[72] 至於民眾方面，研究發現，媒體在危機事件上的報導，能夠促進聚旗效應（Rally 'round the flag effect）；[73]

---

71 指新聞媒體在政治衝突或爭端時，播放選擇性的畫面或製造輿論，會影響政治和政府決策。

72 Eytan Gilboa, 2005. Global television news and foreign policy: Debating the CNN effect. *International Studies Perspectives*, Vol. 6: 325-341.

例如911攻擊事件以及2020年新冠疫情爆發時，小布希與川普的支持率皆在短時間內上升。

◉ 台灣須密切關注

　　國會拆分參、眾議院的設計，顯示美國對於民意與專業判斷的重視，而白宮、行政部門多元且複雜的編制，以及龐大又多邊的民間影響體系，反映著美國國際霸權的地位，以及專業分工、廣納各方意見的精神。更重要的是，這樣多重複雜又高度系統性的體制，讓外交與軍事政策有一定的延續與連貫性，不會因為政黨輪替就馬上改變。

　　拜登上任後，部分台灣人擔憂美國會回到過去的對中交往政策、揚棄對中國的強硬態度，事實上，這並不是切實的假設。或許部分的人會認為川普上任後就馬上改變了美國的對中政策方向，但就如同第三章所提的，華府對中政策的典範轉移，在川普上任前就已經醞釀許久，主要因為是中國顯露出來的野心愈來愈大，而川普政府只是協助推了那關鍵的一把。

　　確實，政策連貫性的另一面，就是政策往往會因為經過多層、多方的討論而轉變速度較慢，但這也是民主制度保障各方權利的方式。另外，多元的外交政策影響力來源，也讓我們更

---

73 指當國家面臨戰爭、外交危機、及重大事件時，其領導人或執政者，可以在一定期限內獲得民眾的高支持度，因為大家希望能夠團結一致渡過危機，國內輿論也會減少批判政府施政。

需要認真觀察美國社會；例如：AIPAC 近年因為美國社會擁有二戰記憶的人口減少、人口與宗教的多元化，因此影響力逐漸下滑，爭議也增加。

　　過去的許多研究發現，某一項議題的社會共識、認同度愈高，行政與立法部門的合作度就愈高。如今在美國對中政策典範轉移下，許多論述與意識形態都對台灣有利：對美國的保守派而言，台灣是抵抗共產勢力的重要盟友；對自由派而言，台灣在民主與人權上的發展，更值得支持。不過，要如何延續這樣的優勢，讓美國從上到下都關注台灣呢？這就需要我們持續分析美國的社會脈動，並且從中找出能夠符合主流意識形態、思潮的切入點，進而去推銷、鞏固台灣了。

第二部
美國國會吹起一陣風，
台灣就挫著等？

第六章

美國國會決策如何影響台灣？[*]

美國國會通過的法案，會如何影響台美關係呢？

國會山莊（Capitol Hill）位於美國東岸的華盛頓特區，這麼遙遠的事情真的會跟台灣有關嗎？

接下來，我們要用近年的幾個重大法案和台美交流大事，搭配很典型的一些質疑說詞，來解說一些常見的誤解。對於這些誤解或迷思，我們大致上將它們稱為「疑美論」，這些說法經常將美國對台灣的友好舉動視為完全的利益算計，甚至會以陰謀論來包裝。例如：在台灣，常常會有人說美國的法案都是口惠不實、沒有實際效用，也常有人會說美國政客只是在利用台灣，並非真心對台，甚至有些人會說美國隨時都有可能出賣台灣。那麼真實的狀況是如何呢？

＊ 本文初稿曾發表於 UDN 鳴人堂。

迷思1：挺台法案沒有成效

第一個對美國國會法案的常見迷思，就是稱美國國會通過的法案沒有效果。常見的懷疑論述如下：「美國國會陸續通過《台灣旅行法》、《亞洲再保證倡議法》，以及《台灣安全法案》等友台法案，看似華府確實力挺台灣，可是法案通過之後，美國政府至今有派出高層官員來訪了嗎？中華民國國軍真有被邀請加入亞太區域的軍事演練嗎？」「美國國會確實有真心支持台灣的政治人物，可是力挺台灣的方式卻是說的比做的多！」上述言論凸顯了這些論者對美國國會與行政部門關係的誤解。

事實上，在《台灣旅行法》通過之前，美國行政部門本來就可以派高層官員來訪。法案內容並沒有以法條強制要求美、台兩方高階官員一定要互訪，更沒有說一年要互訪幾次才算是「達標」。這個法案本身是為了開拓更多交流空間，為的是提供一個法源依據，鼓勵行政部門不要再自我設限，是由民意角度敦促行政部門做事情。例如：有這個法案做為依據，將來若台美雙方有高層官員要互訪，被擋下來的可能性就會降低很多，尤其如果行政部門在不同的壓力（比如來自中國的抗議）而有所遲疑時，《台灣旅行法》能夠確保國會有「工具」可以支持並要求行政部門去處理這些壓力。

再說，《台灣旅行法》通過後，我們也見證美國訪台官員的層級和次數增加。例如：2020年8月份，美國衛生部長阿薩爾（Alex Azar）先來訪，接著國務次卿柯拉克則在9月訪台。

如果有人要拿「沒有高層級官員訪問」來說國會法案沒有用，實在可以找到太多的反例。

雖說如此，我們還是需要了解，一般來說，國會在外交政策方面制定的法案通常會尊重行政部門，也就是並不會有太高的強制力。就以「支持台灣參與國際組織」相關的法案來說，雖然以往美國國會通過幾個決議案，表示「支持台灣在不以國家地位為要件的國際組織取得會員資格；在以國家地位為要件的國際組織，取得有意義的參與（meaningful participation）」，但美國國會並不會明言定義什麼是「有意義的參與」，而且也沒有訂出一個明確的時程要求行政部門處理。值得注意的是，這樣的狀況在 2019 年的《台北法》（Taiwan Allies International Protection and Enhancement Initiative Act of 2019）出現了突破，該法案的第三節指出，美國「支持台灣在所有不以國家地位為要件的國際組織取得會員資格（membership）；在其他相關國際組織，取得觀察員的地位（observer status）」。《台北法》是美國以國內法的形式來關切，甚至是保護台灣的外交地位，而且是美國首次明確指出要幫助台灣取得國際組織的會員資格或觀察員地位，對台灣來說自然是意義重大。但即使有這樣的突破，《台北法》仍然沒有強制行政部門必須在一定時限內達到什麼樣的目標，這的確是美國國會法案的局限，而且是我們必須要了解的。

一般來說，國會藉由像《台北法》這樣的法案來釋出強烈的支持訊號，呼籲行政部門積極處理某些問題。很多時候，法案裡

面會要求國務卿檢討國務院對台方針，並且定期向國會報告。

　　事實上，國會通過的法案本來就必須透過行政部門來執行，而行政部門的政策則會有通盤的考量、各部會的折衝，因此我們不宜用政策制定或執行的時間差，來否定美國國會的友台態度。就國會通過台灣相關法案的時候，幾乎都是在沒遭受太多反對的狀況下，甚至常常是無異議通過的情形來看，可以確定美國國會近年的確持續對台灣相當友好。

迷思2：國會中願意連署者變少

　　第二個迷思是從連署法案的人數，去推估美國國會裡挺台的聲量是大是小。例如有些文章不約而同提到如以下所述的類似觀點：

　　近幾年來，美國國會願意連署支持友台法案的人數大幅減少。以前，台灣相關法案動輒可以獲得上百位國會議員支持，但是由於兩岸關係惡化，美國國會裡面的友台提案雖然仍然有議員願意支持，但是加入連署的議員已經不再像以前那樣不分黨派遍地開花的支持，而是變成只能靠少數挺台議員來提案。

這當中有很多誤解需要澄清：
第一、台灣過去沒有什麼法案可以在提案階段就「動輒」

獲得幾百位美國議員支持，每一項法案或決議案都是爭取很久，且經過民間單位與外交人員們多方洽談、遊說而來的。目前的狀況也仍然如此，並沒有改變。

第二、用連署人數多寡來判斷挺不挺台，並不是一個好的指標，而這必須從國會實務談起。在美國國會裡，法案基本上可粗略分成兩種目的——表態（Bill for messaging），以及通過（Bill for passing）：

（1）表態（Bill for messaging）：這類法案只是為了表態，傳達某訊息，並沒有想要通過。因為不可能獲得一致共識，就連被審議的機會都不一定會有，因此它們通常會放置一整個會期，並且透過衝連署人數來「刷存在感」。有道德意涵的法案特別有可能如此。

（2）通過（Bill for passing）：這類法案在提案的同時就是打算要成為法律的。除了在文字上會有很多妥協痕跡以確保至少外交委員會內無人持保留意見，此外也會顧及一切在技術上容易讓法案通過的因素。比如：法條文字會避免涉及其他委員會管轄權，以免其他委員會拿去做審議；會顧及行政部門立場，使其至少不致提出反對意見……等等。對這種法案來說，連署人數多寡毫無意義，因為只要時機抓得準，沒多久就可以走完程序，根本無需、也沒時間來找人連署。

　　《台灣旅行法》就是一個很好的例子。眾議員夏波（Steve Chabot）一開始提出時，此案其實是一個「表態」，從原始草稿可看出來，這應該是由台美人社團（主要是台灣人公共事務會〔FAPA〕提出草案）與議員們遊說及協調的結果。後來經由各方努力，才把許多強烈表態之處改寫成可以通過的版本，而且很快就獲得眾議院外委會主席羅伊斯（Ed Royce）和民主黨首席安格爾（Eliot Engel）的共識。在外交委員會通過後，眾議院院會也很快通過。

　　參議院版本在這個時候，還是一個「表態」。盧比歐（Marco Rubio）是原始提案人，文字比夏波的原始眾議院版更強硬，所以一直都沒有被排入審議。後來許多人一同努力遊說盧比歐，最後成功說服他放棄措詞強烈的版本，改以眾議院通過版為主，法案也因此順利通過外交委員會審查（相當於二讀）。

　　當時幾位美國參議員在院會排案時，採用了國會中的「熱線徵詢投票」制度。該制度是參議院當中的特殊設計，首先由黨團打電話給每一位議員，確認沒有人反對該案。然後由提案者提出「無異議同意」促請議長裁示通過，這樣才有機會跳過漫長的排案時間，但只要有任何一位議員反對，該案就必須重回院會等待排案。當時非常恰巧地適逢習近平宣布取消任期制，於是《台旅法》就這樣很順利的在參議院獲得無異議通過。

　　回歸本章重點，美國國會每年審議的法案數量都在數千件以上，因此很多提出法案的議員們無暇去主動關心法案狀況，每個法案的連署人數都是各方勢力努力遊說之下的結果。我們

必須了解的是，衝連署人數多半是「表態」的法案才會走的途徑；若是以「通過」為目的的法案，則會直接往推動立法的程序走，有多少人連署較不重要，關鍵在於是否取得兩黨議員以及關鍵的外委會主席或資深委員的支持。

這邊還有一個值得注意的地方，那就是「提案」和「連署」的意義並不一樣。連署是一個案子被提出來之後由議員們去連署，提案則是指領銜者提出法案；後者本來就是「少數議員」常會做的事。

至於有些人說「兩岸關係惡化」讓美國會議員們不挺台，這樣的論點就更值得商榷了。目前我們可以確定的是：美國現在和中國的關係轉變成以競爭為主（以往是合作為主），因此國會議員們的行為可能會改變，且改變的方向是變得更支持台灣、新疆、西藏以及香港等，至少具道德和人權議題的提案也變得較以前多，而國會本身提出要與中國競爭或對抗的法案也不少。「兩岸關係改變讓美國國會議員更不挺台」這種推論顯然欠缺思考，也缺乏對實務運作的理解。

迷思3：國會議員顧選票，不真心挺台

第三個迷思，是關於美國國會議員們的行為。「疑美論」會質疑挺台的美國政治人物和議員們，其實都是出於選票算計，並非真心相挺。例如有些人會質疑這些議員們沒有加入兩院「台灣連線」（Congressional Taiwan Caucus），是因為怕得

罪中國移民；也有人質疑特定政治人物挺台，是因為想要獲得募款機會。

　　針對這樣的論點我們說明如下：

　　第一、所謂的「連線」是指國會當中的「核心小組會」（Caucus），即由一群共同關注某一議題的國會成員們聚集起來的非正式組織，主要目的是分享資訊、凝聚力量以影響立法。國會裡面有很多連線，通常都是關注特定領域或者特定產業的相關立法。

　　其實，有沒有加入台灣小組，跟會不會發言挺台、是否連署台灣相關法案，是完全兩回事。許多不斷參與連署台灣相關法案的議員都沒有加入「台灣連線」；相對的，加入「台灣連線」的議員也不見得會主動提案挺台。

　　第二、國會裡的「台灣連線」並不是一個正式的編制，它的名單從未正式公開過，跟選票計算更是完全無關。大概只有台灣在華府代表處「國會組」的人員，才得以掌握到最新、最完整的「台灣連線」名單，即使是最熟悉於跟美國國會互動的民間團體 FAPA，也不見得可獲得最新的全名單，因此一般選民根本不可能知道自己選區的議員有沒有加入「台灣連線」。

　　事實上，美國每位議員通常會加入二、三十個類似的「連線」，但有些議員們為了保持中立的立場，例如：擔任兩院外交委員會亞太小組主席或首席議員，[1] 為了展現中立地位，所以

不會加入任何亞洲國家相關的連線，而這並不是因為怕得罪中國。

　　再來，疑美論者常會質疑美國國會議員支持台灣是「政治算計」、「為了選票」，實際上，對國會議員們來說，如果真是為了選票，理應無人願意拿台灣議題出來談才對，因為關注台灣議題的選民很少，台灣距離他們的選區也很遙遠。如果議員去推動台灣相關法案，甚至有可能會被選區裡的選民罵說為什麼要關注這麼遙遠的事，而不關注自己選區的事。也就是說，議員們主動去談外交政策、亞洲政策，其實對自身來說可能吃力又不討好，這也是許多參與遊說工作的台美人們（也就是已具公民身分的在地選民）的第一手觀察。

　　總的來說，美國國會議員們對法案的連署，以及是否要加入特定的「連線」，都是以自身關注議題和時間規劃為主。就上述這些分析看來，我們認為，現在檯面上的這些「挺台」議員，是真的非常關注、支持台灣的，當然，他們也不擔心自己會被中國移民討厭。

理解美國政治實務是重要功課

　　國際關係當中有一個重要的本質是，我們永遠無法得知另一國家的真實意圖。在台美關係當中懷疑部分美國政治人物的

1　例如在 2018 到 2020 年的這屆國會當中，非常友台的約霍（Ted Yoho）與賈德納（Cory Gardner）。

動機，當然是很正常的事，不過，在質疑美國的同時，推論的過程必須要符合事實和邏輯。

　　部分的疑美論很可能是出自於對美國政治實務的理解不足，這是可以理解的，例如關於前文我們提及的美國國會立法過程的部分。然而，有些「疑美論」的目的卻是希望台灣不要親美而是「親中」，如果是這樣，就非常有問題了。持後者這種論調者，通常會跟大家說，美國政治人物都不可信、美國對台灣的安全承諾也都不可信，因此我們必須要專注改善與中國的關係。（請參閱第三章）

　　老實說，在美國和中國兩大強權底下，台灣的選擇真的不多，一邊是不斷強調要併吞我們的政權，一邊則是從 1950 年代就一直提供軍事與經濟各方面屏障的國家，在這樣的情況下，台灣其實根本沒有「要不要親美」的問題，因為我們沒有什麼選擇，也早已做了選擇。對台灣來說，與其在不正確的認知下「疑美」，不如多增進對美國的了解、不斷加強自己的實力，讓自己成為美國無可替代的夥伴。

第七章

台美關係的基石：
《台灣關係法》與六項保證

《台灣關係法》

　　1978 年 12 月 16 日，美國時任總統卡特宣布美國將於隔年 1979 年 1 月 1 日起與中華人民共和國建立外交關係，並與此同時終止《中美共同防禦條約》。消息一出，政治大學的師生隨即連署，寫下抗議信給卡特：

> 　　總統先生，希望您能以「歷史為鏡」⋯⋯我們更要忠告您，今天您種下了惡因，明天您會自己吃下惡果；今天您對我們背棄道義與人權，明天您和您的國家會被世界的道義與人權所背棄，更重要的是會被千年萬世的歷史所唾棄！亡羊補牢，猶未為晚，希望您發揮良知的勇氣，及早對您的錯誤決定作補救，對歷史作交代。[2]

2　https://www.nationaltreasure.tw/documents/4ece1990-88fe-11e7-a7b5-57e509ea8919

　　相信這一天在許多台灣人心中刻下的傷口，至今仍不時會隱隱作痛，因為它乘載著一代人對美國信任破滅的失落，以及失望過後的猜疑，也衍生出至今難以解決的認同問題：我們究竟是中國，還是台灣？

　　以前的歷史課本教育學生，1978 年 12 月 16 日是「中美斷交」，但其實那天也是「中美建交」，只是前者的「中國」指的是中華民國，而後者的「中國」則是中華人民共和國。然而時代更迭，國際上已漸漸將「中國」視為成為中華人民共和國的代稱（至少目前，國際普遍清楚了解聯合國安理會的常任理事國的「中國」為中華人民共和國），而且外國媒體的新聞幾乎皆以 China 和 Taiwan 區別中華人民共和國與中華民國。甚至在台灣，隨著兩岸政治、文化與認同各自發展，中國的印象已儼然不符合政治制度民主、社會多元自由的台灣認同。如同前文所說的，台灣的國家認同是個難題，也許它不如現在的兩岸安全問題來得迫切，但有一天我們終究需要面對。

　　無論是「中美斷交」還是「台美斷交」，當時美國作下決定的主要背景只有一個，那就是深陷越戰泥淖的美國，需要拉攏盟國以抗衡對蘇聯的冷戰。1960 年代美國國內反戰聲浪激昂，希望爭取連任的時任總統尼克森看準了中國與蘇聯關係惡化，因此如本書第一章提到的，決定採取「聯中制蘇」政策，於是在 1971 年指派季辛吉祕密訪問北京以為「中美關係」正常化做準備。雖然尼克森在台灣問題上並不願意退讓太多，但他知道這趟訪問的成功在於美國不堅持「兩個中國」或是「一

個中國，一個台灣」，因此，儘管季辛吉沒有使用周恩來「台灣是中國的一部分」這個說法，但他仍然聲稱美國不會「鼓勵」「兩個中國」或「一中一台」的解決方式。此外，季辛吉也對周恩來承諾不會支持台灣獨立，也會逐漸自台灣撤軍。季辛吉的這一番話，也讓周恩來當時認為有希望建立中美兩國外交關係。[3]

周恩來的樂觀是對的。1972年尼克森開啟中國「破冰之旅」，並與周恩來簽署《上海公報》。接下來的五年間，尼克森與福特（Gerald Ford）把重點放在美國與中國對抗蘇聯「霸權」的共同戰略利益，並在不大幅改變與台灣外交、軍事、經濟關係的前提之下增進與中國的關係。這也使得北京政府在這段期間對美提出要求，在美國與中國關係正常化之前，必須達到三件事：

（1）美軍徹底退出台灣。

（2）美國與台灣斷交。

（3）終止《中美共同防禦條約》。[4]

3　The National Security Archive, 2002. "The Beijing-Washington Back-Channel and Henry Kissinger's Secret Trip to China," https://nsarchive2.gwu.edu/NSAEBB/NSAEBB66/#4

4　Ramon H. Myers, 1989. "A Unique Relationship: The United States and the Republic of China Under the Taiwan Relations Act," Hoover Institution Press, pp. 55.

同時，毛澤東還希望美國能採用 1972 年的「日本建交模式」：宣稱中華人民共和國是中國唯一的合法政府，而台灣為中國的一部分。

後來卡特上任，表示美國將會完成中國的三項要求，也會依循日本模式與中國建交，只是做法上會有些許的調整。這些調整包括：

（1）美國會給台灣終止《中美共同防禦條約》一年的緩衝期。
（2）美國公開發表希望台灣的問題能夠和平解決。
（3）美國會在與台灣軍事關係終止後，繼續提供台灣武器。

此後在 1978 年的《中美建交公報》中，美國第一次公開承認中華人民共和國是中國唯一合法的政府，也表示將會繼續與台灣人民保持文化、商務和其他非官方關係。其中最有爭議的，莫過於美中雙方對於「世界只有一個中國，台灣是中國的一部分」立場的解讀。過去，美國方面維持「美國認知（acknowledge）中國立場只有一個中國，台灣是中國的一部分」的論調，不過《中美建交公報》的中文版卻將此處的「acknowledge」翻譯為「承認」。究竟這個字真正的意思應該為何？目前雙方仍是各說各話。

1979 年 1 月 1 日，美國與中國建交，卡特政府在同年 1 月 26 日向國會提出《台灣綜合法案》（Taiwan Omnibus Bill），

希望成立「美國在台協會」以取代原先大使館的功能，並且處理之後與台灣斷交後的經貿和法律適用問題。然而卡特政府的提案引來部分美國國會議員的不滿。就以美中建交來說，雖然國會很少人反對美國與中國關係正常化，因為他們同意這是前任總統致力達成的目標，但他們認為卡特政府跟中國的協議太過倉促，不僅沒有從中國口中獲得會和平解決台灣問題的保證，也未事先跟國會溝通就決定要終止與台灣的防禦條約。就卡特政府與中國政府的整個協議過程，美國國會可以說完全不知情，只有幾位政府官員知道。卡特甚至要求國會要在3月1日之前完成《台灣綜合法案》的修訂，否則將動用總統的否決權，這點也讓國會大為光火。

針對《台灣綜合法案》的內容而言，當時的美國參議院外交委員會主席邱池（Frank Church）認為這個法案的語意模糊又很少提到美國在台灣和西太平洋的安全利益。這讓一些議員擔心，一旦美國與台灣斷交，會導致美國在太平洋的盟友對美國失去信任。此外，國會也認為卡特政府未事先諮詢經濟和法律專家，以至於未能適當處理之後與台灣的經濟關係，也未能賦予國會監督美台關係的權利等等，因此國會決定提出自己的法案，也就是現在的《台灣關係法》。

《台灣關係法》為了彌補三個重大缺陷：台灣安全問題、斷交後的法律問題以及國會監督，因而有了下述的規定誕生。

在安全問題上，美國國會除了要加強對台灣的保證，也為了預防其他國家對美國跟台灣斷交的行為失去信任，在《台灣

關係法》第二條 b 項聲明了幾項重要的對台政策。例如：西太
平洋區域的和平穩定為美國政治、安全和經濟利益之所在，亦
為國際關切的事務；美國聲明其決定和中華人民共和國建立外
交關係，是基於台灣的前途將以和平方式決定的期待；任何以
非和平方式來決定台灣的前途——包括使用經濟抵制或禁運手
段，將被視為西太平洋地區和平與安全的威脅，而且為美國重
大關切事項；美國要提供台灣防禦性武器，而且美國應維持能
力以抵抗任何訴諸武力或其他壓迫手段而可能危及台灣人民的
安全、社會或經濟制度。其中還特別增加 c 項「人權條款」，
這項規定指出，本法中沒有任何條款得以違反美國對人權的
關切，特別是對台灣 1,800 萬居民人權的關切。這個「人權條
款」被認為是美國為提供台灣保護的但書，也讓美國政府能利
用「沒有人權就沒有軍購」的籌碼，迫使當年蔣家政權回應台
灣人追求民主的聲音。台美斷交後，與「人權條款」相關，最
具指標性的例子便是「1979 年美麗島事件」和「1981 年陳文
成事件」。[5]

在法律問題方面，《台灣關係法》第四條確保了斷交後法
律適用、訴訟問題等等，也在第六到第九條規範了美國在台協
會的功能與義務。另外值得注意的是第十條，該條除了要求台
灣總統給予美國在台協會的對應組織「北美事務協調委員會」

---

5 〈台灣關係法 40 週年 台美關係的演進〉，芋傳媒，2019.04.11：https://taronews.
tw/2019/04/11/307518/。

（Coordinating Council for North American Affairs，已於 2019
年更名為「台灣美國事務委員會」）[6] 與美國在台協會有相同的
編制人數之外，更賦予這個組織中的外交人員在美國的「外交
豁免權」（Dipolmatic Immunity）。所謂的豁免權其實是普遍
的國際法規則，也是國家間基於主權平等，而賦予雙方外交人
員的權利，它確保一國駐他國的外交人員在犯罪時，可以不適
用他國而仍適用其本國法律的權利（不是說無罪，而是仍以外
交人員的母國法律規範為主）。因此，即便《台灣關係法》是
美台斷交後的法律、規範，讓美國與台灣維持著「非官方關
係」，但它部分的規定仍保有「官方」的性質。換句話說，美
國在台協會就是美國在台灣「事實上」（de facto）的大使館，
這樣一來，外交豁免權的規定就顯得十分合理。

　　至於國會對美國總統在與台灣關係的監督，拜登在還是
參議員時曾經說道「《台灣關係法》的主要目的在於國會如何
監督總統」，這也顯示了「監督」為《台灣關係法》的一大重
點。雖然《台灣關係法》並沒有說明美國總統若不與國會商討
台灣相關事務會受到什麼制裁，但仍在第十二條規定，法案生
效的三年內總統需要向國會報告《台灣關係法》的執行狀況，
以及生效的兩年內，國務卿應該每六個月向眾議院議長和參議
院外交委員會提出一份報告。

　　綜觀來看，美國傳統基金會（The Heritage Foundation）的

6　https://www.president.gov.tw/NEWS/24402

研究文章 [7] 認為《台灣關係法》實踐了以下幾個目標：

　　第一、確保台灣的安全。卡特政府決定終止雙方 25 年的《中美共同防禦條約》，這使得台灣的安全保障成了一大問題。當時的政府發言人曾表示沒有必要提供台灣進一步的安全保障，因為他認為中國如果對台動武，只會傷害到中國與西方的經濟關係，而且在美國提供台灣防禦武器的情況下，中國並沒有能力入侵台灣。雖然卡特曾在 1978 年的演講提到美國關切台灣的安全，但在《台灣綜合法案》中卻沒再提到，該法案也沒提到要軍售給台灣。對此，時任共和黨眾議員拉戈馬錫諾（Robert J. Lagomarsino）表示，無論卡特廢除防禦條約與否，《台灣關係法》都將授權美國繼續向台灣軍售，且這些武器不會是老舊、過時的武器，而是足以防禦台灣的軍需品。這項關於軍售的規定，確保了台灣的防衛需求是由台灣與美國當局決定，而不是中國。《台灣關係法》也要求美國應維持其保護台灣免於武力與壓迫的能力，這點其實是希望提高中國攻打台灣的成本與困難，以達到嚇阻的效果。

　　第二、提供新的法律框架來維持並促進美國與台灣的雙邊協議。美台關係改變的最明顯例子即是美國在台協會的誕生。美國在台協會是根據哥倫比亞特區的法律，由美國政府直接出資創立，且其成員由國務院指派。雖然《台灣關係法》第六條

7　Stephen J. Yates, 1999. "The Taiwan Relations Act After 20 Years: Keys to Past and Future Success," The Heritage Foundation, pp.3-5.

將美國在台協會描述為一非營利且非政府機構的法人，不過美國在台協會在取代了美國大使館後，仍繼續辦理相當於後者的職務；包括處理兩國往來文件、促進雙方交流並代表美國政府與台灣達成商業等協議。

第三、建立一個監督行政機關的機制。為了回應卡特政府在與中國關係正常化過程中的祕密行動，美國國會因此指派相關委員監督美國的台灣政策，而且也在《台灣關係法》第三條，要求美國總統在台灣安全受到危險時，應該迅速通知國會並與國會協商如何因應。共和黨時任眾議員布魯菲爾德（William Broomfield）表示，這意味著美國總統如果預期台灣將會碰到危急狀況時，必須優先向國會轉達，而非等到危急事件發生才通知。

第四與第五個目標，則與台灣作為人權與國際組織中的成員，和獲得在其中的地位有關。1979年的台灣，有不少人權運動人士間接參與了《台灣關係法》中有關人權的立法。[8] 雖然當時許多人權報告顯示在台執政的國民黨違反諸多人權，但最後《台灣關係法》仍以中國侵犯台灣人權的行為為主，也因此有美國國會議員對台灣內部缺乏民主和政治權利的狀況感到憂慮，其中甚至有議員希望美國在台協會能夠在台灣幫忙推動言論或媒體自由等。不過最後這些憂慮，都在台灣民主化後煙

8　蔡武雄，〈41年前的「與敵共舞」──國民黨與台灣人合力促成《台灣關係法》的一段歷史〉，報呱，2020.04.17：https://www.pourquoi.tw/2020/04/17/behind-the-scenes-the-taiwan-relations-act/2/。

消雲散。至於台灣在國際組織中的會員部分，《台灣關係法》就沒有比較明確的描述，只有第四條 d 項表示《台灣關係法》不得被解釋為美國贊成把台灣「排除」或「驅逐」出任何國際金融機構或其他國際組織。除了此項，整個法案並未再提及台灣參與國際組織的事項。

　　總而言之，《台灣關係法》可以說是平衡當時美國國會與政府之間的不滿以及國會內部歧異下的產物。時至今日，無論是在美國總統的言行、國會、各台美相關法案和決議案裡，都可以看到《台灣關係法》的身影，作為美國對台政策圭臬的《台灣關係法》其重要性無庸置疑，也一直都是台美關係的焦點。

《台灣關係法》的再進化？

　　值得一提的是 2021 年 3 月，共和黨參議員盧比歐再次提出的《台灣關係強化法案》（Taiwan Relations Reinforcement Act）。這個法案最早在 2020 年 10 月 20 日，由盧比歐和民主黨參議員默克利（Jeff Merkley）提出後，盧比歐又在 2021 年的 3 月再次重提。

　　《台灣關係強化法案》有幾項規定令人眼睛為之一亮。首先，國會在法案當中表示見解：台灣與中華人民共和國自 1949 年以來事實上便是分治（been ruled without interuption by seperate government）的狀態，兩者互不干涉，而美國的「一

個中國政策」也與中國所謂的「一個中國原則」不同。法案在此處第四點的「中華人民共和國政府單邊透過非和平方式決定台灣未來的行為，例如透過武力、軍事侵略、經濟抵制或禁運」明顯呼應《台灣關係法》第二條 b 項第四款，此外，法案還加強說明，美國將會重點關切這些作為還包括「企圖在國際上孤立台灣和兼併台灣的行為」。

《台灣關係強化法案》還提出幾點：中國現代化的軍事武力已成為印太地區，包括台灣海峽和美國在太平洋利益的威脅；美台雙方文化教育交流的重要性；台灣是美國第十大貿易夥伴，以及 2020 年 4 月 10 日為《台灣關係法》生效的 41 週年。最後一點與《台灣保證法》同樣標誌《台灣關係法》已生效四十餘年的里程碑，似乎有更新、明確化 1979 年《台灣關係法》的意味。值得注意的是，法案在國會意見的章節指出，美國應在《台灣關係法》及「六項保證」的框架下，加強與台灣的軍事合作並敦促台灣增加軍事預算，此外也應動用各式外交和經濟手段來幫助台灣加入國際安全會議、軍事演習和經濟論壇。還有，為了要深化美台兩者的經濟關係和美國利益，美國應優先與台灣進行自由貿易協定（Free Trade Agreement, FTA）的談判。

《台灣關係強化法案》為了提升美台應對 21 世紀新挑戰的能力，並且落實《台灣關係法》及「六項保證」，法案內容提出了具體的實踐方式：在法案生效的 90 天內，應成立跨部會的「台灣政策工作小組」，小組成員應包括白宮、國安會、國

防部、財政部、商務部及貿易代表署的資深官員，並定期遞交深化美台關係的政策報告給國會。

另外，法案內容牽涉到的外交部分，則要求美國在台協會「處長」提名案須獲參議院同意，且頭銜應從現行的「Director」（處長）改為「Representative」（代表）。如此更改後的提名方式，即等同於美國大使的任命方式，而「Representative」又為國際組織中常見的正式外交官銜。如果《台灣關係強化法案》能通過，美國在台協會不僅能在實質上發揮大使館的功能，在職稱上將更具正式的外交性質，台美兩國關係正常化將因此邁進一大步。

在國際參與的部分，《台灣關係強化法案》呼應了過去《台北法案》和《台灣保證法》對台灣參與國際社會的支持。雖然此處法案未具體支持台灣應參與哪些組織，且針對「有意義」的參與也未做說明，但直接點名美國常駐聯合國代表與相關官員應積極支持台灣獲得一些國際組織的會員地位，避開了以往常強調幫助台灣加入「不以國家地位為限制」的組織這樣的限制文字。

就美台雙方官員交流方面，《台灣關係強化法案》持續呼籲美國政府應邀請雙方高階官員進行雙邊或多邊的軍事會議和軍事演習，也希望重啟雙方停滯已久的經濟對話，該法案也認為美國政府除了應邀請台灣參與區域性論壇外，還需重啟台美貿易暨投資架構協定（TIFA）的會議。最後，《台灣關係強化法案》還特別提出對於《台灣旅行法》的重視，要求國務卿應

在法案生效 90 天內向國會遞交《台灣旅行法》的實踐報告。

總結來說，《台灣關係強化法案》的內容包含過去各友台法案的許多重點。例如《台灣保證法》對雙方軍事合作、貿易談判的呼籲；《台北法案》對台灣參與國際組織的重視，甚至是《台灣旅行法》的落實，可說近期友台法案集大成之作。

《台灣關係強化法案》的內容從《台灣關係法》出發，具體指出各項議題實踐方式，且在某些方面與《台灣關係法》有所呼應。或許美國在面對現今的諸多挑戰，有意以《台灣關係強化法案》取代過於模糊的 1979 年《台灣關係法》，使之成為「台灣關係法 2.0」。無論法案最後通過與否，它之後的發展皆值得我們繼續關注。這些友台法案的提出，無疑是對各種「疑美論」的最佳回應，也是美國國會挺台的一項正面指標。

六項保證

《台灣關係法》的誕生，一方面是美國國會對卡特政府行為的亡羊補牢，另一方面也是卡特連任的競爭者——雷根，批評他的重點之一。

《大西洋》雜誌曾在 2019 年解密了 1971 年一段的錄音。當時聯合國大會才通過了以中華人民共和國取代中華民國聯合國席次的「第 2758 號決議」，坦尚尼亞駐聯合國代表團便在大會後跳舞慶祝。事後，時任加州州長的雷根致電給總統尼克森說道：「昨晚我不是有告訴你去看我在電視上看到的嗎？該

死的，那些從非洲來的『猴子』就算穿上鞋子還是覺得不自在！」語畢，尼克森總統大笑。這段具有歧視性的對話被公布後隨即引來外界不滿，使得雷根總統的小女兒在《華盛頓郵報》[9]上代替父親道歉。姑且不探究雷根無意間透露的種族歧視傾向，事實上，他是非常反共的。

　　在競選總統之前，雷根曾批評卡特政府選擇與中共的建交並不符合美國的利益，還呼籲議員出面控告卡特政府片面與台灣斷交的行為。1980年，作為共和黨總統候選人的雷根更公開表示：「我跟卡特的差別就在於，我不會像他那樣假裝我們國會現在與台灣建立的關係不是正式的。」[10]

　　儘管有如此強烈的個人傾向，也是個《台灣關係法》的支持者，雷根總統在上任後對台灣仍是採取模糊策略。例如，雷根政府在1982年1月未與國會充分討論過後就拒絕台灣升級戰機的要求，1982年8月更與中國簽署備受批評的《八一七公報》。美國在《八一七公報》中表示承認「中華人民共和國政府是中國的唯一合法政府」也「認知到」中國的立場，即只有一個中國，台灣是中國的一部分，其中也包括以下對台軍售的承諾：

9　https://www.washingtonpost.com/opinions/the-ronald-reagan-who-raised-me-would-want-forgiveness-for-his-monkeys-remark/2019/08/01/c3c2b66c-b40c-11e9-951e-de024209545d_story.html

10　https://www.washingtonpost.com/archive/politics/1980/08/26/reagan-declares-he-seeks-only-to-hold-to-taiwan-relations-act/935f53e3-08ac-4f99-ba3d-8e5eb3ee3205/

（1）美國出售給台灣的武器在性能和數量上，將不超過美中建交後近幾年供應的水準。

（2）準備逐步減少出售給台灣的武器，並同意經過一段時間後解決。

對此，前民主黨參議員（也是前太空人）的葛倫（John Glenn）在聽證會上批評雷根政府罔顧《台灣關係法》對台軍售的規定。

不過在《八一七公報》發布前，為了盡量減少對台灣可能產生的負面影響，而且雷根個人其實對中共「和平解決」仍懷有疑慮，因此他透過時任美國在台處長李潔明（James Lilley）代表他於 1982 年 7 月 14 日向蔣經國「口述」美國對台政策的「六項保證」，這些內容大致包括以下幾項（在第二章討論一中政策時曾提過，我們再列一次內容）：

（1）美國不會設定停止對台軍售的期限。

（2）美國不會修改《台灣關係法》的相關規定。

（3）美國不會在決定對台軍售前和中國諮商。

（4）美國不會在台灣與中國間擔任調解人。

（5）關於台灣主權，美國不會改變自身立場，這是個須由中國人自己解決的問題，且美國不會迫使台灣與中國談判。

（6）美國不會正式承認中國對台灣的主權。

　　這六個保證在雷根與蔣經國談話畢的三個禮拜之後對外宣布，不過這還不是全部。同年 7 月 26 日，李潔明又帶著雷根的指示，向蔣經國親口提出「美國無意對停止對台軍售設下日期，且美國不同意中國對軍售台灣須事先與其商討的要求」，並再次強調《八一七公報》中美國逐步減少對台灣軍售的前提，是中國要以和平方式解決台灣問題。李潔明還說道：「美國不會理會中國說什麼，但也會監控中國軍武的發展，相關的報告也將提供給您……如果屆時中國同意美國的建議而且公報（《八一七公報》）發布了，美國會繼續遵守《台灣關係法》售予台灣需要的武器。」《八一七公報》公布的前一天，李潔明又向蔣經國傳遞雷根總統的訊息，包含雷根重申對六項保證的承諾，也再次保證會持續監控中共對台灣的意圖（只是這次卻沒有保證會分享當初說的監控情報），並說：「任何情勢的改變都會影響美國對台灣防禦需求的評估。」[11]

　　由於「六項保證」未有書面的形式，而是一種口頭聲明，這也讓中國一直質疑它的效力。不過在 2016 年 5 月 16 日，美國眾議院無異議通過支持台灣的第 88 號共同決議案（HCR88），重申《台灣關係法》和「六項保證」是美台關係重要的基石。[12]

---

11 https://www.heritage.org/asia/report/president-reagans-six-assurances-taiwan-and-their-meaning-today

12 "Congress affirms that the Taiwan Relations Act and Six Assurances are both cornerstones of United States relations with Taiwan, and urges the President and Department of State to affirm the Six Assurances publicly, proactively, and consistently as a cornerstone of United States-Taiwan relations."

　　這是「六項保證」首度以書面的形式成為國會通過的提案。另外，美國參議院又在 2020 年通過另一項由參議員賈德納提出的決議案（S.Con.Res.13）。這個決議案除了重申《台灣關係法》和「六項保證」是美台關係重要基石，也鼓勵雙方官員依據《台灣旅行法》互訪、呼籲美國國務卿支持台灣參與國際組織、美國總統依法對台軍售常態化和持續深化雙邊貿易關係。雖然共同決議案（Concurrent Resolution）不具法律約束力，也無需總統簽名生效，但這些決議案的通過和提出，已體現美國國會對於《台灣關係法》和「六項保證」承諾的穩定立場。

　　值得注意的是，美國在台協會於 2020 年 8 月 31 日發布針對 1982 年美國對台軍售和對台各項保證的解密電報。第一則解密電報是 1982 年 7 月 10 日由時任美國國務院次卿伊格爾伯格（Lawrence Sidney Eagleburger）發送給美國在台協會處長李潔明對美國《八一七公報》的解釋。該電報的解密表示，美國逐步減少對台軍售的前提是「取決於中華人民共和國是否和平解決兩岸分歧」，也就是說，如果中國對台灣採取更敵對的態度，美國將會增加對台灣的軍售。簡言之，美國對台軍售的質與量，取決於中國對兩岸關係的態度以及中共的威脅程度。這個解密正說明了《八一七公報》的第六點「準備逐步減少對台灣的武器出售並同意經過一段時間最後解決」的「逐步減少」並非絕對的，其實從第六點的原文「...and that it intends gradually to reduce its sale of arms to Taiwan, leading, over a period of time, to a final resolution.」中的「intends」（試圖），就可發現美國這個模稜兩可的態度。

　　該解密還指出，美國的主要關切是維持兩岸和平。這些原則呼應了雷根總統草擬的內部總統備忘錄。以下是備忘錄中雷根總統對《八一七公報》所做的解釋：

> ……簽署該公報前的相關會談是基於一清楚認知而進行，亦即上述對台軍售之減量，端視台海和平狀況以及中國對其所宣告之尋求和平解決議題的「大政方針」之延續與否而定。簡言之，美國同意減少對台軍售之意願，全然以中國持續其和平解決台灣與中華人民共和國分歧之承諾為先決條件。……此外，至關重要的是，美國對台提供武器之性能與數量完全視中華人民共和國所構成之威脅而定。無論就數量和性能而言，台灣相對於中華人民共和國之防衛能力皆應得到維持。

　　第二則解密電報則是 1982 年 8 月 17 日由美國國務卿舒茲（George Pratt Shultz）發送給李潔明的「六項保證」。這個美國在台協會解密的網頁最後還寫著：「『六項保證』始終是美國對台及對中政策的根本要素。」[13] 於美國在台協會發布這

13〈1982 年解密電報：對台軍售＆對台各項保證〉，美國在台協會，2020.08.31：https://www.ait.org.tw/zhtw/our-relationship-zh/policy-history-zh/key-u-s-foreign-policy-documents-region-zh/six-assurances-1982-zh／。

兩個解密後的隔天，時任美國國務院亞太助卿史達偉（David
R. Stilwell）在出席美國智庫傳統基金會舉辦的美台經濟論壇
時，又重申該美國對台灣的「六項保證」，強調美國將依循
《台灣關係法》、美中三公報與雷根總統提出的「六項保證」，
作為對台政策指導方針。史達偉表示，由於北京有扭曲歷史事
實的習慣，因此應該盡可能查閱一些事實。他更進一步指出，
美國長久以來一直實行的「一中政策」與北京的「一中原則」
完全不同：北京「一個中國原則」主張中國共產黨對台灣擁有
主權，而美國對台灣主權問題不採取立場。美國的根本意願是
不以脅迫的方式，而是以海峽兩岸人民都能夠接受的方式和平
解決台灣問題，同時華府將與台北保持廣泛、密切且友好的非
正式關係，包含根據《台灣關係法》協助台灣自我防衛的承
諾。

　　由此可知，從 1981 年雷根政府到現在的拜登政府，無論
總統本人的立場有多鮮明，其實各個政府始終對台灣維持「戰
略模糊」的政策，而且美國「一個中國政策」的意思，也絕對
不是中國聲稱的「一中原則：台灣是中國的一部分」，因中國
的說法自中美建交時便從未被美國承認。對美國來說，儘管美
國從未承認台灣的主權，但也不認為台灣是「中華人民共和國
所代表的中國」的一部分，這點始終明確且毋庸置疑。

第八章

重要的台美關係法案

台灣在美國印太戰略中的角色[*]

　　印太戰略是日本前首相安倍晉三於 2007 年首度提出的概念，主要關注的是維持印度洋及太平洋的自由開放、地緣安全。後來這個概念演變成包括美國在內的許多國家的亞洲政策討論重點，而大家共同的焦點就是中國。

　　2018 年 3 月 20 日，時任美國國務院東亞暨太平洋事務局副助卿黃之瀚（Alex Wong）來台參加由台北美國商會（The American Chamber of Commerce in Taipei）所舉辦的謝年飯晚會。黃之瀚在晚宴上致詞提到台灣是印太地區民主的典範，更提出一個重點，那就是美國應該要讓台灣的典範發揮作用，「不能再讓台灣不公平地被排除在國際社會之外」。當天與會者除了有前美國在台協會處長梅健華，還包括總統蔡英文，而

＊ 本文部分內容初稿曾發表於《上報》。

黃之瀚更在之後與蔡英文總統舉杯同歡。當時不過是鼓勵美國官員訪台的《台灣旅行法》生效後第四天，美國與台灣之間就出現如此高層級的交流，不意外地引來外界媒體注目。而中國方面則跳腳斥責，表示堅決反對《台灣旅行法》，要求美國遵守「一個中國原則」等。

儘管後來美國商會會長章錦華特別澄清，黃之瀚訪台的計畫在好幾個月前就已經確定好，因此時機點只是巧合。不過身為川普上任後首位政治任命的亞太副助卿又是負責印太戰略業務的黃之瀚，他的出席與談話，仍透露了美國賦予台灣在其印太戰略中一定的角色和期待。

2019 年 6 月初，美國國防部首次發布了長達 64 頁的《印太戰略報告》（Indo-Pacific Strategy Report）。報告在一開始「印太戰略的趨勢與挑戰」部分，便用三個不同的形容詞定位印太地區的三個國家：「修正主義式強權」的中國、「復甦的惡意行為者」俄羅斯和「流氓國家」北韓。其實這樣的定調不難理解：就中國和俄羅斯而言，美國早在 2017 年川普上任 11 個月後首次提出的《國家安全戰略》中，就將中國和俄羅斯描述成試圖改變美國領導的世界秩序的修正主義大國，而北韓仍是柯林頓和小布希政府所歸類的具有發展毀滅性武器野心的國家。不過更為台灣所關注的，是位於印太地區的台灣在這份報告中的角色。

《印太戰略報告》顯示，美國一方面視台灣為維護國際秩序強大的民主夥伴，另一方面意識到中國對台灣在國際空間的

打壓、未放棄武力統一台灣的意圖和持續發展具威脅性軍事
能力的野心。因此，美國再次提及具政策彈性的《台灣關係
法》，承諾會依法繼續售予台灣防禦性武器，並在這段內容的
一開始，強調印太地區的新加坡、紐西蘭、台灣和蒙古是四個
值得信賴、有能力且是美國天生的夥伴「國家」（country），
直接表明美國將台灣看作是一個國家，而非僅是個政治實體
的立場。然而，即便《印太戰略報告》中關於台灣的篇幅近整
頁，台灣在印太戰略中的角色仍顯模糊。除了提到美國將繼續
售予台灣防禦性武器之外，報告並未進一步說明美台還有哪些
實質的合作事項。

　　儘管如此，我們仍能從美方的一些實質作為去解讀台灣在
印太戰略中的重要性：在《印太戰略報告》公布後的短短幾個
月中，川普在 2019 年 8 月批准 66 架 F-16V 戰機軍售案，台灣
空軍為此直接宣布增設一個聯隊；9 月，首屆「美台印太區域
民主治理協商機制」正式啟動，希望台美雙方透過此對話機制
一同促進印太區域秩序的安全；在台灣連續失去兩個邦交國之
後，美國在台協會於 10 月初第一屆「太平洋對話論壇」中，
特別強調將支持台灣「在太平洋地區邦交國的發展需求」；10
月底時，美國參議院通過《台北法案》，強化支持台灣與印太
地區及全球其他國家正式外交或非正式的夥伴關係；11 月 4
日，美國國務院在第二屆印太商務論壇開始的一小時前，突
然公布《自由開放的印太地區：促進共同願景》報告（A Free
and Open Indo-Pacific: Advancing a Shared Vision），其中對台

灣的關注從前份報告的國防拓展到國際空間，而台灣更是在結論中唯一被提到的國家。

綜觀上述美台關係的升溫和印太戰略報告中台灣角色的定位，美國對台灣的重視程度就算不說有重大改變，還是可以顯著地觀察到愈來愈提升的趨勢。除了雙方官員交流頻率增加、層級屢創新高外，對台軍售次數也達歷史之最。某程度來說，許多美國友台法案的提出或通過，和台灣在美國印太戰略中的重要性有關聯。因此，我們更該注意台灣在印太戰略中扮演的角色，以及這些法案背後的主要推手：美國國會。國會議員們是如何研擬這些一項又一項因時制宜的法案？

接下來，本章將會依法案提案的時間，依序介紹這些法案制定的背景與內容。

《台灣旅行法》

2018 年 3 月 16 日，時任美國總統川普簽字，《台灣旅行法》（Taiwan Travel Act）生效。《台灣旅行法》最早的版本（HR.535）是由眾議員夏波（Steve Chabot）和約霍（Ted Yoho）等人於 2017 年 1 月 13 日提出，而參議院版本（S.1051）則是賈德納等人，於同年 5 月 4 日提案。儘管這個法案有參、眾兩院的版本，不過兩者的內容沒有太大差異，正如美國國會兩院對《台灣旅行法》一致認同的態度——眾議院版本無異議通過後，參議院委員會使用比較快速的作法，直接把眾議院版拿來表決，同樣也獲得無異議通過。

　　《台灣旅行法》開宗明義便表示，本法為「鼓勵美國與台灣間所有層級之訪問及為其他目的之法」。這在當時可以說是繼《台灣關係法》之後，最有政治意義的法案，因為它直接挑戰了台灣與美國斷交之後，美國對自己「一中政策」的自我設限。此包袱來自斷交之後美國與台灣外交關係長期的不成文規定（並未列於《台灣關係法》中），也就是台灣前五大官員，包括總統、副總統、行政院長、外交部長、國防部長，禁止訪問美國首都（華盛頓特區），而美國高層級官員也不得與台灣的對應高層面對面交流。

　　《台灣旅行法》的目的是打破這個緊箍咒：美國國會認為自《台灣關係法》生效以來，由於美國自身對台灣高層訪美的自我設限使得雙方缺乏有效的溝通，明顯阻礙了台美關係的發展。因此，美國政府應該允許各層級官員，例如內閣層級的國安官員、將領等訪台，並與同等職位的官員見面；允許台灣高階官員進入美國並在台灣高層官員有尊嚴的情況下與美國官員會面（包括國務院、國防部及其他內閣部門的官員）；鼓勵台北經濟文化代表處（Taipei Economic and Cultural Representative Office）和其他台灣設立的機構在美執行涉及美台雙方國會議員、官員參與之活動。

　　當時法案提案者之一，同時也是長期支持台灣的俄亥俄州共和黨眾議員的夏波，就曾直接在審議會上表示：

　　美國高層官員不能和台灣同等職位人員見面？台灣官員

不能踏足華府？這實在太扯了，尤其是它（指華府）還是
自由與民主中心的象徵。這樣的政策完全悖離美國的利
益，就是在告訴中國我們願意在我們自己的外交政策上向
北京服從，這是軟弱的表現。禁止台美高層官員互訪不僅
綁住我方領導人的手腳和羞辱我們的盟友，這更讓我們幾
乎無法在這個日益關鍵的區域開展外交。

其實，夏波早在 2016 年時便在他自己官網上的部落格寫
道：

屆從於中國的敏感心態，美國總統從未和台灣總統有過
交談（即便台灣是我們的盟友，而中國是討厭鬼〔pain in the
ass〕）。事實上，台灣首要的四位官員：總統、副總統、
外交部長和國防部長，他們甚至不被允許進入華盛頓特區
（而那些 pain in the ass 的中國領導人卻可以），簡直瘋了！

可想而知，中國對此法案非常不滿。中國官媒《環球時
報》在《台灣旅行法》通過眾議院時，發了一篇表示「台灣旅
行法通過之時，就是中國武力解放台灣之時」的社評之後，又
發表了一篇名為〈美國法律將會推翻一中原則〉的新聞，瞄準
的就是同一天參議院外交委員會要進行的表決。該篇報導提到
「眾議院對該法案的支持，是意圖立法在總統制定政策的能力
上製造阻礙」，但《台灣旅行法》明明是「鼓勵台美雙方高層

官員互訪」的法案，中國卻作此解釋實在令人不解。針對《環球時報》的「台灣旅行法是摧毀台灣法」之說，夏波回擊：「我想我們必須忽略中國的反對。就我所知，這並不干他們的事。我們如何以尊重的態度面對其他國家是我們的事。」約霍也回應：「我知道這將激怒中國，但我認為這是一個很重要的訊息：我們承認（台灣）他們應該有權到訪。」

　　回到《台灣旅行法》內容，我們的立法院曾對此法案作出議題分析。立法院說明法案中的「should」在法律用語中應屬於一種「道德上的勸服」，不可翻譯成中文法律用語的「應」，「shall」才是具有法律約束力及賦予法律義務的「應」。同樣較不具法律約束力的用字也出現在第三條，例如：使用「允許」（allow）和「鼓勵」（encourage）。因此嚴格來說，《台灣旅行法》對於美國行政部門沒有強制的約束力，而是如前所述，透過立法提供法源依據，以民意為基礎敦促行政部門更多的行動。因此，重點仍在於美國政府如何加強台美關係。

　　至於《台灣旅行法》通過之後的成效為何呢？參考美台雙方幾次的訪問紀錄，可明顯發現互訪的官員層級已突破以往「不成文」的限制。以 2020 年 8 月來台訪問的前美國衛生及公共服務部部長阿薩爾（Alex Azar）為例，當時美國在台協會聲明表示他是 2014 年以來首位訪台的美國內閣成員，也是 1979年以來訪台層級最高的美國內閣官員。阿薩爾的訪問行程包括與蔡英文總統、吳釗燮外交部長、陳時中衛福部長會面，並率領衛生部專家團隊與前副總統陳建仁等我國國內防疫專家舉行

防疫對談，最後還與衛福部部長陳時中簽署「衛生合作備忘錄」。值得一提的是，其實這並不是阿薩爾第一次和陳時中見面。2018 年 9 月 1 日，陳時中就曾飛往美國與阿薩爾針對傳染病、災害防治、區域聯防架構等議題進行討論，成為《台灣旅行法》通過後首位訪美的部長級官員，同時也為阿薩爾後年的來訪鋪陳。

後來前美國國務院次卿柯拉克（Keith Krach）的訪台也很值得討論。雖然這次的出訪的目的是以出席李前總統告別式的名義為由而略顯低調（外交禮儀上，若一國的前元首逝世，而他國不把「參加告別式」作為訪問名義，是相當不禮貌的事），但後來柯拉克與台灣方面交流的陣仗可不僅止於此。蔡英文總統發出的一行人在官邸會面的照片裡，包括了經濟部長王美花、總統府祕書長李大維、國安會祕書長顧立雄、行政院副院長沈榮津、時任美國在台協會處長酈英傑、前國防部印太助理部長薛瑞福、台積電創辦人張忠謀以及美國全球婦女議題無任所大使柯莉（Kelley Currie）等人。由此可見，實務上《台灣旅行法》除了鼓勵、促使台美官員的交流更廣更深，從法律的角度而言《台灣旅行法》更在生效後成為美國各項與台交流相關法案的法理依據。《台灣旅行法》雖對美國行政機關不具強制力，然而，透過國會立法與雙方具體外交交流層級的提升，仍為雙方開啟有助於彼此的合作空間。

《台北法案》

　　《台北法案》（TAIPEI Act of 2019）的正式名稱叫作《台灣友邦國際保護及加強倡議法》（Taiwan Allies International Protection and Enhancement Initiative Act of 2019），而「台北」這兩個字便是這些英文字母起首的組合（TAIPEI）。雖然有人認為這樣的說法恐有矮化台灣之虞，但其實在美國國會，這樣的縮寫命名方式非常普遍，也不是第一次玩起這樣的「藏頭詩」。事實上，美國議員非常喜愛這種命名方式，因為這不僅便於引述，也方便記憶，甚至有時候也更容易被接受。參考過去的紀錄，光是 2015 年，就有超過 350 項法案以這種縮寫方式命名；例如麻薩諸塞州參議員馬基（Ed Markey）針對可能造成隱私問題的汽車軟體，就在 2015 年提出了《車內安全與隱私法》（Security and Privacy in Your Car Act），縮寫就叫「SPY Car Act」；又如長期支持台灣的前科羅拉多參議員賈德納，在 2018 年提出的《亞洲再保證倡議法》（Asia Reassurance Initiative Act），它的縮寫便是古典音樂中的一種曲式：「詠嘆調」（ARIA），一般來說代表的是歌劇中曲風優美的獨唱曲。此外，姑且不論取名的動機，只單純去看法條的內容的話，可以發現裡面不僅皆以台灣稱呼我國，在法案的條文中更可以在多處看到台灣地位的提升。這樣一來，名稱為何相較之下似乎就不是那麼重要了。

　　2018 年 9 月 4 日，先前提到的參議員賈德納、馬基以及盧比歐（Marco Rubio）和新澤西州的梅南德茲（Bob Menendez），

共同在參議院提出《台北法案》。他們四人在記者會上是這麼說的：盧比歐：「我們不能對中國暗中孤立台灣的行為默不吭聲，我也希望我的同事們能盡快通過這項法案。」賈德納：「這項兩黨立下的法案要求整個政府起身對抗中國霸凌台灣的行為，而且也將向那些靠向中國而非台灣的國家傳達一個強烈訊息，那就是這樣的行為會產生不良的後果。」馬基提到需要保護台灣僅存的 17 個邦交國，「我們必須為我們在台灣的朋友挺身而出」；梅南德茲則說：「兩黨應該維護美國對台灣安全和福祉的承諾。」由此可見，《台北法案》一方面的立法目的主要是在防堵中國未來對台灣的外交打壓，另一方面則是告誡其他國家若跟隨中國起舞可能會付出一定的代價。接下來，讓我們再進一步深入探究法案的條文內容。

　　整體而言，《台北法案》有三大重點：

　　第一、國際法學者宋承恩分析，[14] 該法案顯示美國不再視台灣與其他國家關係為「非官方關係」（unofficial）。比較 2019 年 10 月在參議院通過的版本與在眾議院修改、通過的最終版本，可以發現參議院版本在第二條曾寫到台灣與美國、澳洲等國的「非官方關係」，對於強化台灣的經濟和保護其國際空間非常重要，然而最後的版本卻將「非官方關係」改為「獨特的」（unique）這種模糊、沒有定性的形容。

　　第二、《台北法案》明確支持台灣「有意義的參與並成為

---

14 https://www.pourquoi.tw/2020/03/28/tapei-act/

國際組織的觀察員」，這與 1998 年時任美國總統柯林頓（Bill Clinton）在上海聲明對台的「三不政策」表示的「不支持台灣加入主權國家組成的國際組織」不同。《台北法案》第四條就寫道，美國應提倡台灣加入不以國家地位（statehood）為必要條件的國際組織。不過在這有兩項值得注意。首先，法案對於什麼是「有意義的參與」並沒有多加描述；其次，法案提到支持台灣加入不以國家地位（statehood）為必要條件的國際組織，這部分我們認為台灣的機會主要還是以國際組織「觀察員」身分出發。雖然《台北法案》並沒有直接建議台灣得以國家的地位加入國際組織，但已經可以發現，美國對於台灣參與國際組織的態度已從「不支持」跳過「不反對」，變成「應提倡」台灣加入。

第三、學者宋承恩認為，該法案的核心在第五條的「強化與台灣之關係」中。第五條指出，美國國會支持台灣與印太和其他地區國家發展官方（official）的外交關係，同時也建議在符合國家利益的狀況下，可提升與台灣改變外交關係國家的關係，甚至是利用懲罰的方式來支持台灣的外交。簡單來說，就是一種軟硬兼施的「胡蘿蔔與棍子」（carrot and stick）策略。由此可知，《台北法案》似乎已將台灣的國際地位和外交關係納入美國對外政策的一環。

後來，《台北法案》的提案如同《台灣旅行法》，最終在參議院獲得「無異議通過」。無異議（unanimous consent）是美國參議院「院會」的一項議事規則，國會議員可就一項提案

要求以「無異議」方式跳過審查與表決的程序，直接提請議長裁決通過該法案。假設有任何一位議員反對，該案就不成立，需要退回到院會等待排案審議。不過，如果有一項法案或決議案已獲得兩大黨的共識，這時候兩大黨的黨團，會打電話給每一位議員徵詢意見，這樣非正式的行為叫做「熱線諮詢」（hot line），諮詢完確定沒有人反對，該提案議員就可提出無異議同意的要求，而議長（參議院多數黨領袖）就會裁示通過。此方式可跳過排案的程序（因為等待審議的案子很多），優先處理已達成共識的法案，但過程中只要有議員反對就不成立。先前提到的《台灣旅行法》在參議院，就是由提案人盧比歐提請使用無異議同意的方式通過院會。《台北法案》能夠順利通過，其實是天時地利人和各種因素的加總，尤其當時正值習近平廢除任期限制，不僅排除了部分議員原本對挺台灣動作的疑慮，也臨門一腳的為法案「助攻」。

　　本書前面解釋過兩種不同的法案，一種以「通過」為目的（bill for passing），另一種以「傳達訊息」（表態）為主要目的（bill for messaging）。《台灣旅行法》最原始的版本，其實就屬於「傳達訊息」類，最先是由 FAPA 成員與國會議員共同協調與起草。後來經過各方遊說國會議員之後，提案人才同意改寫內容將它變成可以交付審議的版本。《台北法案》其實是屬於相對軟性，因為國會很清楚美國在外交上的具體作為仍是以行政部門方面為主。不過，在這當中國會的角色仍然十分重要，因為國會需要提供重要的法源依據，此舉也提供行政部

門一個該做的事的底線清單。如果沒有這些立法，行政部門雖然仍可以有很多作為（例如《台灣旅行法》當中規定的高層互訪），但卻會被「內規」綁住。這類的立法，就是以民意促請行政部門要更積極作為。

　　《台北法案》比起《台灣旅行法》甚至是《台灣關係法》，對台灣的意義又更進一步，因為這是美國首次用「國內法」的方式，來規範美國對台灣外交關係的政策原則。由於中國因素，台灣的國家地位特殊，這類法案可以幫助我們在眾多的不正常狀態當中，漸漸邁向正常化。

《台灣保證法》

　　2019 年適逢《台灣關係法》立法 40 週年，美國在台協會於 4 月公布將安排為期一年的「AIT@40」活動，回顧過去美台之間的成就，也在全台灣舉行巡迴策展。對此，前美國國務院副發言人帕拉迪諾（Robert Palladino）表示，將派出由前眾議院議長萊恩（Paul Ryan）率領的美方代表團，包括現任及前任美國政府官員和美國在台協會官員，大約二十多人來台參加慶祝酒會。而台灣駐美代表處也在 5 月份時在美國國會山莊舉辦慶祝酒會。當時的眾議院議長裴洛西（Nancy Pelosi）、參議院外交委員會主席里施（Jim Risch）、民主黨議員梅南德茲、眾議院外交委員會主席恩格爾（Eliot Engel）、共和黨議員麥考爾（Michael McCaul）等 27 位參眾議員皆出席參加。其中值得關注的，莫過於從里施送出到我國時任駐美代表高碩

泰手中的那本「重新確認美國對台及對執行《台灣關係法》承諾」決議案的精裝本，以及前一天才剛在眾議院無異議通過的《台灣保證法》。

先來說說「重新確認美國對台及對執行《台灣關係法》承諾」決議案（Reaffirming the United States commitment to Taiwan and to the implementation of the Taiwan Relations Act）。首先要介紹的是「決議案」（resolution）以及決議案的種類：

（1）聯合決議案（joint resolution）。

（2）共同決議案（concurrent resolution）。

（3）簡單決議案（simple resolution）。

聯合決議案與法案（bill）同樣對行政機關具有拘束力，因此皆需要總統簽署，然而共同決議案與簡單決議案則不需要總統簽署也不具拘束力；一般來說，它們只是表達國會的意見。而共同決議案與簡單決議案的差別又在於，前者需要參、眾兩院針對特定議題分別提案，後者僅需一院提案並通過後即可成案。

回過頭來看，這個《台灣關係法》四十週年慶祝酒會前一天，以414票贊成、0票反對、17票棄權，獲壓倒性票數通過的「重新確認美國對台及對執行《台灣關係法》承諾」決議案，其實是屬於眾議院的「簡單決議案」。雖然它不具拘束力，不過在《台灣關係法》40週年之時對外宣布對台灣的支

持，包括認定《台灣關係法》與「六項保證」，無論是在現在還是未來，都是美台關係的基石。其內容提到：美國對待台灣應該像重要的非北約盟友一樣，繼續提供台灣防禦性武器；要求行政機關幫助台灣有意義的參與國際組織（例如：世界衛生組織、國際民用航空組織等），甚至提到根據《台灣旅行法》，美國應鼓勵各層級官員訪問台灣，以及邀請台灣高級官員來美國與美國官員會面。這些都非常具象徵性意義，也是眾議院支持台灣的有力證據。

接下來，該介紹我們本節的主角──《台灣保證法》了。

國會對台灣的支持無獨有偶。早在雙方開始歡慶《台灣關係法》立法 40 週年時，幾乎可以說是「《台灣關係法》升級版」的《台灣保證法》，已在同年 3 月在參議院由共和黨阿肯色州參議員柯頓（Tom Cotton）提出，並獲得共和黨參議員盧比歐、克魯茲（Ted Cruz）與三位民主黨參議員梅南德茲、馬斯托（Catherine Cortez Marto）和康斯（Chris Coons）的跨黨派連署；眾議院版本，最早則由共和黨眾議員麥可考提出。這個法案從提出到投票，只經歷了 37 天。同年 5 月 7 日，《台灣保證法》眾議院版本獲得無異議通過。雖然法案還是躺在參議院外交委員會好一陣子，不過終於在 2020 年 12 月 21 日確定通過了。

為什麼說《台灣保證法》是《台灣關係法》的升級版呢？這樣的說法其實是基於比較這兩項法案之後的結果：

第一、《台灣保證法》相較於《台灣關係法》，顯示了美

國對台灣「安全承諾的提升」。雖然《台灣關係法》第二條已經規定美國應向台灣提供防禦性武器，但就提供防禦性武器部分，《台灣關係法》並未規定美國應該在何種狀況之下，或是多久一次需將武器賣給台灣。就這點，《台灣保證法》則明確表示這種防禦性武器的轉移應該是常態的，也要求美國國務卿或是美國總統向美國國會報告以評估售予武器的行動。

　　第二、《台灣保證法》比《台灣關係法》更加重視「台灣的國際地位」。在當時的時空背景下《台灣關係法》的立法用意，主要是希望解決台美斷交後可能衍生的問題，也因如此《台灣關係法》在台灣的主權問題上似乎刻意保有模糊的空間。例如：《台灣關係法》第四條表明，本法不得被解釋為美國贊成把台灣「排除」或「驅逐」出任何國際金融機構或其他國際組織，這種模稜兩可的立場。整個法案中除了這一項，就沒有再提到台灣參與國際組織的事了。相較之下，參、眾兩院的《台灣保證法》中，皆有「台灣的國際參與」部分。它們都認為台灣的國際參與受到中國的阻礙，而這樣的發展不利於全球的健康、民航安全和對抗跨國犯罪的發展，因此他們要求美國應支持台灣「有意義」的參與如聯合國、世界衛生組織、國際民用航空組織、國際刑警組織等國際組織。

　　第三、《台灣保證法》建議檢視國務院對台交往準則，要求國務卿要在 180 天內提交報告，檢討國務院的「內規」對台政策方針（該方針限制了許多台美的官方交流），尤其是檢討《台灣旅行法》執行的情況等等。這是以往其他台灣相關法案

都沒有提到卻重要的一點，也是當初此案提出的亮點之一。

　　雖然說《台灣保證法》的內容十分重要，但它並不是今日的創見。觀測站成員曾在一篇文章寫道：其實在 2011 年及 2013 年，由當時的眾議院外交委員會主席羅斯蕾緹南（Ileana Ros-Lehtinen）提出的《台灣政策法》（Taiwan Policy Act）就已經涵蓋了《台灣保證法》絕大部分的內容。羅斯蕾緹南是非常挺台的議員，過去共提案 17 次、連署 53 次台灣相關法案。在上一屆國會結束退休時，總統蔡英文還特地頒發「特種大綬卿雲勳章」，以感念她在美國國會為台灣所做的貢獻。她在 2011 年以眾議院外交委員會主席身分，提出《台灣政策法》的時間點，剛好是台灣 2012 總統大選數月前；她說：「鑒於近日若干人士藉所謂棄台論以取悅中共，深覺有必要藉台灣政策法案以進一步增強及澄清美國與台灣人民間的關係。」用實際的國會立法行動，來展示美國國會對台灣的支持。

　　如果詳細比較柯頓提出的《台灣保證法》（參議院版本）與當年羅斯蕾緹南的《台灣政策法》，會發現兩者如出一轍。許多《台灣政策法》倡議的事項，如「對台六項保證」及美台高層互訪，日後都寫入「對台六項保證」決議案、《台灣旅行法》以及《亞洲再保證倡議法》中。軍事上，《台灣政策法》除了包括《台灣保證法》規定的美台軍售及軍事交流事項，更詳細指出對台灣陸海空軍戰力應加強的部分，包括出售 F-16 C/D 型戰鬥機。在商業及民間交流方面，《台灣政策法》參議院版本的《台灣保證法》，同樣提出重啟美台貿易投資框架協

議談判以及促成美台自由貿易協定（FTA），同時也倡議給予台灣人免簽證待遇。政治外交方面，《台灣政策法》同樣支持台灣有意義參與如世界衛生大會及國際民航組織等國際組織，更幾乎在事實上將台灣視為美國邦交國對待；例如：台灣駐美國的台北經濟文化代表處及美國駐台灣的美國在台協會能升起各自的國旗，甚至允許台北經濟文化代表處改名為「台灣代表處」（Taiwan Representative Office）。此外，《台灣政策法》也要求提升美台司法合作，乃至簽署美台全面引渡協議。

　　《台灣保證法》象徵美國國會對台灣強力的支持，但從《台灣政策法》的前例就可見這樣的支持由來已久，這些進展也仰賴無數台美人與FAPA的積極遊說。從過去的《台灣政策法》到今日的《台灣保證法》，這些綜合議題的法案都是奠基在各種專門領域的法案或決議案所累積、修改而成。光是以「台灣」為名的法案，在軍事領域就包括了《台灣安全加強法》、「對台六項保證」決議案、《台灣安全法》、《台灣國防評估委員會法案》等，外交方面則包括了《台灣旅行法》及《台北法案》。以《台灣政策法》為例，雖然《台灣政策法》兩度闖關國會都無法通過，但經由FAPA積極遊說美國政府，針對法案中給予台灣人免簽證立法，終於在2012年10月，美國國務院宣布給予台灣人免簽證待遇。也因為無數台美人在美國進行草根倡議、收集連署書、在地方及國會對議員遊說，使得美國國會接連通過「對台六項保證」決議案及《台灣旅行法》。今日的《台灣保證法》，繼承了《台灣政策法》的精

神，也將是台美人下個階段對美遊說的重要議題。

最後，《台灣保證法》在 2020 年 12 月 21 日通過時，於同一時間通過的年度撥款法案當中，跟台灣最相關的部分是：確定撥款 300 萬美金給「美台全球合作暨訓練架構」（GCTF）辦理各項活動之用。現在台美雙方常常透過這個 GCTF 機制來合辦活動，並且與日本、瑞典、澳洲、荷蘭、英國等國家人員推動共同訓練。這幾年便常舉辦各式各樣的議題培訓活動，也使得台美雙方的官方人物能夠透過 GCTF 而有同台的機會，促成更多人員的交流。這個 2015 年（歐巴馬政府時期）成立的機制能夠被注入更多資源、繼續活躍的發揮相當好的功能，相信也是大家樂見的。

《國防授權法》

自 1961 年來，美國國會每年都會提出《國防授權法》（National Defense Authorization Act），以決定下一個財政年度國防預算的用途及支出程度。這個法案的特別之處在於它是一項「預算案」。根據美國憲法對於國會通過預算案的要求，《國防授權法》與其他法案不同，每年都會被提出也都會通過。正因如此，不少與國防業務不相關或是難以單獨立法通過的國安相關政策，常常會被國會議員納入《國防授權法》「夾帶通關」。

以《2021 財政年度國防授權法》來說，它於 2020 年底順利通過，是《國防授權法》連續六十年通過，不過這一次的狀

況卻與以往不同。當時的美國總統川普，因為對共和黨議員殷荷菲（James Inhofe）不將「終止 1996 年的《通訊規範法案》（the Communications Decency Act, CDA）第二三〇條的條文」納入該國防法案而表示，自己可能使用否決權，因為他認為《通訊規範法案》對美國國家安全及選舉誠信有害。根據 CDA 第二三〇條規定，線上訊息交流平台的提供者，不會被視為用戶的出版者或發言者；言下之意是，例如臉書、推特這類網路社交平台公司將不需要對其用戶的訊息言論負責。

　　其實川普在 2020 年 5 月的推文被推特標註推文缺乏根據後，就以行政命令要求商務部督促行政部門審查該條款，之後國會也要求臉書和推特的執行長出席聽證會。當時拜登及民主黨議員表示支持修改 CDA 第二三〇條，因為社交媒體不須負責會變相鼓勵假消息的散播，而川普及共和黨議員則認為，社交媒體對文章的審查權已使之擁有如同出版商的權力。由此可見，兩黨都有意更改第二三〇條。只是，川普希望將「通訊規範」納入「國防軍事安全政策」的決定，甚至也引來同黨議員不滿。被川普在推特上點名的殷荷菲回應，雖然他支持川普對第二三〇條規定的看法，但該條與「軍事」無關。而由兩黨組成的參議院軍事委員會（由 15 位共和黨、13 位民主黨、1 位獨立議員組成）也發出聲明表示，對於法案被拿來與非軍事議題掛勾感到遺憾。後來川普還真的否決了這個年度的《國防授權法》！不過國會重新表決後，仍以 322 票贊成、87 票反對，以超過三分之二的票數再次否決總統的否決權而讓法案通過，

也正式讓這個意外插曲落幕。

在這部厚達 4,517 頁的《2021 財政年度國防授權法》當中，有多個部分涉及與台灣相關的事務。其中第一大重點，除了如近年的《國防授權法》重申台美關係的大框架不變、表示《台灣關係法》與「六項保證」是美台關係的基石外，美國國會更指出《台灣關係法》並未限制美國進一步與台灣深化可能的緊密友好關係，且《台灣關係法》的實施與執行，應隨著「政治、安全、經濟發展的動態而有所改變」，而這個「因應動態而有所改變」很重要，我們需特別注意。

《2021 財政年度國防授權法》在重申《台灣關係法》中，台灣的未來為美國所關切後，便提到中國對待台灣的行為愈來愈有脅迫與侵略性，例如：以台灣為目標的軍事演習正不斷增加，而這些舉動皆與美國欲和平解決台灣問題的期待背道而馳；又如《台灣關係法》所述，美國將會協助台灣發展具有快速反應能力的現代化軍事力量以維持其充足的自衛能力。由此可知，美國國會不僅意識到中國對台侵略性的行為，還認為應隨之調整對台政策。此外，在 2020 年解密的「六項保證」原文內容，也呼應了美國應該因台海動態而改變：其中一項解密表示美國「對台軍售的性能和數量將完全取決於中華人民共和國所帶來的威脅」，而且「美國將持續對台軍售」。這些皆是在中國脅迫台灣的情況下，美國支持台灣安全的態度展現。

《2021 財政年度國防授權法》直接提到台灣的第二大部分，則是疫情方面的合作。法案認為美國應派遣醫療艦（安慰

號與仁慈號）停靠台灣港口就對抗 COVID-19 疫情合作，而這些合作應包括：檢測、疫苗、藥物的研發、口罩的捐贈、人道協助與災難救助的合作交流、學習台灣對抗疫情的機制，以及繼續安慰號與仁慈號的醫療救濟任務。

另外，參議院版本的《國防授權法》將建立「太平洋威懾倡議」（Pacific Deterrence Initiative），效仿當時用來回應2014年俄羅斯出兵克里米亞時的「歐洲威懾倡議」（European Deterrence Initiative）。根據該版本法案，國會第一年將批准使用14億美金加強飛彈防禦系統，以強化美國海軍的軍事力量並增進與其他盟友的合作，第二年則增加為55億美金。該法案指出：「維護美國在亞洲地區的安全與繁榮最好的方法便是維持一個有力、可依賴的軍事平衡力量，然而多年來的資金不足使美國的能力岌岌可危。」另一方面，眾議院也提出概念類似但名稱不同的「印太再保證倡議」（Indo-Pacific Reassurance Initiative）。「太平洋威懾倡議」將增加預算投資高科技武器，而「印太再保證倡議」的重點，則在加強夥伴能力及盟友關係。《美國之音》報導指出，參議院的「太平洋威懾倡議」被視為2018年《亞洲再保證倡議法》的產物，這樣的軍事倡議有助於協助陷入困境的台灣及越南。

細數近年的《國防授權法》，我們可以發現它們的挺台力道有加強的趨勢。從2011年開始，法案中提到「中國」的次數逐年增加，從2011年的5次，一直增長到2020年的193次；2021年的《國防授權法》提到中國的次數則是191次。至於

「台灣」，在 2011 年時被提及兩次，2012 及 2014 年還曾降到
0 次，近年則逐漸提高；2020 年時，台灣被提到 53 次，到了
《2021 財政年度國防授權法》，台灣破紀錄的被提到 76 次！

　　再者，如果比對川普政府與歐巴馬政府時期的《國防授
權法》內容，會發現美國國會近年對於美台軍事合作的態度似
乎出現增強的跡象。以軍事演習為例，歐巴馬政府時期，眾議
院曾於《2016 財政年度國防授權法》中提議將台灣列為參與
「新南海倡議」的可能成員，然而，關於台灣的部分卻在最終
版本被移除。此外，原始眾議院版本曾要求美國國防部邀請台
灣參與環太平洋軍演，不過前提是「美國也邀請中華人民共和
國參與」；對比川普政府時期的《國防授權法》，美國國會在
建議邀請台灣參與軍事演習時就沒有任何這樣的但書，兩院皆
明確指出這樣的軍事演習可為環太平洋或紅旗軍演。2020 年
的環太平洋軍演，已是美國第二次將中國排除在外，如此一來
邀請台灣參與的舉動就更具意義。雖然台灣最後未能參與，不
過《國防授權法》中挺台力道的加重，還是反映了美國國會對
中國認知的改變。

　　值得強調的是，儘管近年來美國兩院在對台軍事合作上逐
漸取得共識，而且《國防授權法》列有相關的合作建議，但這
對於行政部門其實並沒有強制力；這點從台灣至今未能受邀參
與環太平洋或紅旗軍演便可得知，此外台灣也未能取得軍演的
觀察員資格。我們認為，台灣未來參與多邊軍事演習並非沒有
可能，問題在於台灣是以何種方式、何種身分參加。

　　當然我們樂見各種形式的交流。例如在疫情影響下，《2021財政年度國防授權法》提到醫療艦與台灣交流的可能。在外交意義上，無論是前美國衛生部部長阿薩爾（Alex Azar）來台灣訪問，或是日後美國醫療船艦停靠台灣，兩者代表台美關係深化的象徵意義，遠大於對雙方醫療上的實質助益，且有助於台美關係的正常化。此外，以這樣的方式進行醫療合作，將會是最實際也最溫和的作法，更可能增加其他國家與台灣發展合作的意願。

　　總而言之，《2021財政年度國防授權法》再次顯示美國國會支持台灣的安全，而疫情也提供台灣與美國深化關係的著力點。台灣方面應持續爭取直接參與軍演，或是成為未來環太平洋軍演觀察員的機會，也應順應美國國內政治的變化，對行政部門採取順應時勢的倡議方式，積極表達台灣與美國攜手創造雙贏局面的態度，以極大化更多友台法案產生或具體合作的可能。

《確保美國全球領導地位及參與法案》

　　前文介紹的法案大部分是在川普政府時期通過的。拜登總統上任後的對中政策，儘管在程度上、手段上有所不同，但無論是行政部門還是立法部門皆延續了前政府政策上對中國的強硬態度，而眾議院所提的《確保美國全球領導地位及參與法案》就是美國立法部門抗中的具體例子。

　　《確保美國全球領導地位及參與法案》的名稱頗有意思。這個法案的英文全稱為「Ensuring American Global Leadership and Engagement Act」，縮寫即為「EAGLE」。相信不少人應該已經注意到，這個簡稱「老鷹」不是湊巧，而是經過設計的，因為美國國徽上的那隻動物就是一隻老鷹。其實美國國徽最早是官方印章上的圖案，用來批准重要文件，因此英文又叫「The Great Seal」，是當初美國國會在 1776 年發表獨立宣言時的傍晚，要求富蘭克林（Benjamin Franklin）、亞當斯（John Adams）和傑弗遜（Thomas Jefferson）成立的委員會所設計的。當時國會採用了一位費城年輕人提出的有老鷹的設計，經過多次修改後，最終確認該老鷹為一隻展翅飛翔的美國白頭鷹，右爪握著希望和平的橄欖枝、左爪則握著 13 枝決心自衛的利箭、嘴裡衛著一條用拉丁文寫著「合眾為一」（E pluribus unum）字樣的彩帶。不過老鷹的設計卻曾經被富蘭克林吐槽，因為他認為白頭鷹十分懶散，會在樹上休息等待其他鳥類獵捕食物後再飛上前去搶來吃，而且白頭鷹非常膽小無能，會被體型較小的鳥類趕跑，這樣的形象根本不符合美國。富蘭克林認為，「火雞」相較而言是比較適合的選項，因為火雞不僅在美國特有的文化上占一席之地，碰到威脅時又勇於反擊。不過話雖如此，老鷹仍被用來象徵美國自由無畏的精神以及強而有力的國家力量。無論是全名或簡稱，這個法案都展現了國會議員對美國的期許以及迫切希望美國重返世界舞台、鞏固領導地位的企圖，而其大部分內容也透露，中國會是美國繼續領導世界的一大挑戰。

美國眾議院外委會於 2021 年 7 月 14 日通過《確保美國全

球領導地位及參與法案》（以下簡稱為「老鷹法案」），這個法案是在同年 5 月 25 日由民主黨籍的眾議院外委會主席米克斯（Gregory Meeks）領銜提出的，整部法案長達 470 頁，主要內容詳述美國該如何應對中國的挑戰，特別是要求政府強化美國自己在政治、外交、軍事及科技等多領域實力。具體來說，老鷹法案繼續對中國在人權方面施加壓力。例如，該法案將中國從 2017 年開始迫害維吾爾等少數民族的行為視為「種族滅絕」（genocide），並提到中國已經違反了 1948 年的《防止及懲治滅絕種族罪公約》以及相關的國際法規範，要求美國總統向聯合國提出調查。

在這順便說明一下「種族滅絕」與「種族清洗」（ethnic cleansing）的差異。根據聯合國《防止及懲治滅絕種族罪公約》，種族滅絕指的是「蓄意全面或局部消滅某一民族、人種、種族或宗教團體」，並犯下「殺害該族群份子」、「使該族群份子在身體上和精神上遭受嚴重傷害」、「故意使該族群處於某種生活狀況下，以毀滅其全部或局部的生命」、「強制施行辦法意圖防止該族群內之生育」以及「強迫轉移該族群之兒童至另一族群」五種行為，而種族清洗的概念就因為沒有國際法明確定義就模糊許多，指的是「將一族群從特定領域中驅離」。其實種族滅絕和種族清洗的差異不是很明顯，只是前者的指控更為具體、嚴重。在《老鷹法案》中便指出中國對維吾爾人所做的行為，其中皆符合種族滅絕定義中的種種行為。此外，《老鷹法案》也反映美國重返領導地位的決心，像是強化

美國經濟的領導地位。法案當中要求美國加強在世界貿易組織和亞太經合組織等區域組織的領導地位，而在這樣條文的前面，即是要求國務院提出中國經濟影響力的報告，針對對象不言而喻。

《老鷹法案》對台灣來說為何重要呢？這部法案的重要性在於，它「包裹」、含蓋了許多目前檯面上的台灣相關法案，例如《台灣外交檢討法案》（Taiwan Diplomatic Review Act）、《台灣和平與穩定法案》（Taiwan Peace and Stability Act）、《台灣國際團結法案》（Taiwan International Solidarity Act）及《台灣學人法案》（Taiwan Fellowship Act）。在這之中讓許多人抱持期待的，便是《台灣外交檢討法案》，該法案要求美國國務卿與台灣方面的「合適代表處人員展開協商」，目標是要將「駐美國台北經濟文化代表處」（Taipei Economic and Cultural Representative Office in the US）更名為「台灣駐美國代表處」（Taiwan Representative Office in the US）。

由於外交事務主要是行政單位的職權，通常國會會尊重行政方面的權力，所以這類的法案不會有太高的強制力。例如上一段提到的這條，便是要求美國國務卿以討論改名為目標，但並未明令一定要在什麼時候之前改好。即使如此，這類的法案仍然是相當重要，因為它提供了行政部門行事的後盾，也不斷提醒行政部門這件事的重要性。再者，國會代表民意，因此行政部門也必須要有所回應。其他台灣相關條文也是相同的情況，有同樣意義。

　　除此之外，《老鷹法案》在二〇八至二〇九條中也有提到台灣。第二〇八條呼籲美國政府繼續強化與台灣的經濟、政治和安全關係，把台灣視為美國印太地區的重要部分。其中還強調美國政府應加強雙邊貿易關係，包括進一步簽訂貿易協定，還有增加美國和台灣在教育上的交流，例如推廣台灣的中文、文化和政治研究。緊跟在後面的第二〇九條便是在講《台灣學人法案》（Taiwan Fellowship Act），要求美國政府編列預算，派美國官員以學人的身分來台灣學習中文，並在台灣政府或民間機構見習以增加對台灣的了解。當初《台灣學人法案》是由馬基（Edward Markey）和盧比歐等人提出的，表面上希望促進與台灣的文化交流，但相信部分因素是美國發現中國孔子學院的問題並下令禁止後，轉而以台灣的文化交流計畫取代之。其實 2021 年初，時任 AIT 處長酈英傑接受訪問時便有呼籲，希望台灣能夠在美國學生學習華語的趨勢中扮演關鍵角色，並利用這個機會宣傳文化和民主。AIT 處長的發言，代表的就是美國行政部門的立場。2020 年發起的「美台教育倡議」便是一個例子，這個平台將讓更多台灣教師到美國教授中文，促進雙方的教育交流。

　　這個法案接下來會怎麼走呢？如前文所述，眾議院版本的《老鷹法案》（2021 年 5 月提出）「包裹」好幾項台灣相關法案，參議院的對應版本應是《2021 年戰略競爭法案》（Strategic Competition Act，4 月提出）。然而，參院後來後來的發展是，由參議院多數黨領袖舒默提出的《2021 美國創新與競爭

法案》（U.S. Innovation and Competition Act of2021, USICA）將
外委會提出的《2021年戰略競爭法案》，以及由商務、科學和
運輸委員會提出的《無盡前沿法案》（Endless Frontier Act），合
併成了一個更大的法案。外界因此認為，眾議院可能也會採取
類似做法，《老鷹法案》之後可能會與眾議院版本的《無盡前
沿法案》（H.R.2731）合併，之後再和參議院協商最終版本。
不過根據 Axios 的報導，那些不滿《老鷹法案》的眾議院共和
黨議員，草擬了另一個不同版本、長達三百多頁的法案來討
論，看來該法案要出眾議院，還需要點時間。

　　撇開這些美國國會黨派之間在法案上的攻防，我們認為這
次法案通過眾議院外委會對台灣的意義在於：該案認定「台灣
為美國印太戰略重要一部分」，並重申支持台灣有意義參與國
際社會、希望美台雙方擴大經貿關係，也強調確保台灣有能力
抵抗中共恫嚇並自我防衛的重要性。

法案的意義

　　目前在拜登政府任內尚未通過與台灣直接相關的重大法
案，可能原因之一在於美國參眾兩院在細節上還在尋求一定程
度的共識，不過觀察目前已提出的草案內容，會發現挺台力道
依然強健，甚至多了更具體的目標，不會因執政者更換而停
擺、變換方向。因為法案本來就是由國會提出的，因此即便是
換了新總統上任，短時間內也不會出現太大的轉變。

　　從目前的友台法案來看，雖然美國立法部門在選舉過後經歷了結構上的改變，但在內容上的諸多重點仍與川普政府時類似，只不過在細節、用詞上有所不同，但這目前只能反映現階段法案提案人的觀點。

　　對台灣來說，可喜的是從這幾年來通過或提出的法案來看，美國國會已普遍意識到中國對台灣的威脅以及台灣安全的重要性，許多法案都是以壓倒性的票數通過；相較之下使人略為憂心的是，有一些可能打破美國過去對台戰略和立場模糊的法案仍未受普遍支持，這顯現出美國挺台的力道仍有其局限。當然，若以美國官員角度思考，維護其國家利益是非常合理的事，尤其，不做出明確的軍事承諾才是較有彈性且較能避免「意外」捲入他國武裝衝突的作法；不過以台灣的立場來看，當然希望能夠因為美國的立法而獲得更安全有利的保障。

　　當大家在試圖了解美國的作為以及其行動背後的涵義時，無論是執政者還是民眾，都需暫時放下以台灣為中心的思考模式（例：講說美國一定要幫台灣如何，不然就是如何）、多站在美國的立場去了解其國家事務，如此一來才能看見局勢全貌，並思考如何才能同時符合美國與台灣雙邊利益，爭取到更多支持。

第九章

不可不知的「台灣連線」

台灣在美國國會的好朋友

　　台灣的外交處境雖然艱難，但其實很多人不知道的是，我們在太平洋另一側的美國政壇上，有不少朋友，尤其是國會當中一直有非常堅定的力量在支持台灣。

　　回顧歷史，台灣自蔣氏國民黨政權起，在美建立起不小的勢力集團，負責向國會進行各種遊說工作。這些人包含了政客、學者及商人，以擊潰中國的共產主義運動為號召。該反共親台集團的動員力之大，從中華民國在 1971 年被迫退出聯合國時，國民黨在美國國會發起的「百萬人委員會」（Committee for One Million）可見一斑。[15] 當時提出的「反對共產中國加

---

15 美國冷戰背景下的五、六〇年代時有所謂的「中國遊說團」，負責替當時代表「中國」的蔣氏政權進行遊說，其組成包含中華民國駐美外交人員、美國國會兩院議員、政客、媒體巨擘和企業家。其核心訴求主軸為：擁蔣、反共、保台。「百萬人委員會」就是當時為了反對中共加入聯合國，中國遊說團在國會發起的動員團體。

入聯合國」聲明，總共有153位民主黨議員，以及185位共和黨議員簽字連署。1971年是美國的第九十二屆國會，兩院成員加起來也才535人，而反中共加入聯合國的就有338人，超過六成，這是一個相當驚人的多數。

中華民國退出聯合國後，1972年季辛吉震撼性訪中，在人民大會堂上向周恩來表示，尼克森承諾「不支持台獨運動」、「不支持一個中國一個台灣」、「不支持兩個中國」。自此，開啟了美國對中「交往政策」的序幕，而美國也在之後的1979年與中華民國斷交、終止中美共同防禦條約，正式與中華人民共和國建交（參閱第一章）。

由於斷交的消息來得突然，讓美國國會許多挺台的議員不得不趕緊採取動作。當時的議員們推翻了原本卡特政府在斷交後起草的《台灣授權法》（Taiwan Enabling Act），認為其規定太過簡略，幾乎只有提到台美的持續交流，因此火速提出另一個更具保障性的《台灣關係法》，並且以壓倒性高票通過，讓卡特放棄想要動用總統否決權的念頭。卡特1月1日宣布斷交，美國國會在2月28日提出《台灣關係法》，4月10日總統簽署生效，《台灣關係法》全程只花了42天就通過，堪稱當今美國台灣相關法案最速通過的紀錄，也可見當時情況之緊急，以及國會議員中替台灣聲援的力道。

然而七〇年代後美國的對中政策終究是走上了歷史性的轉折，雙方不僅成為戰略上的夥伴，也成為經濟上重要的合作對象。天安門事件發生後不久，美國亦因為抵不住全球化浪潮的

影響和中國市場的吸引力，而解除對中國的經濟制裁，乃至於後來在2000年幫助中國加入世界貿易組織。冀望藉由中國的經濟崛起和開放，能夠進一步帶動中國政治上的開放，更重要的是，美國企業能藉此分得中國經濟快速成長的紅利，因此我們才看到過去數十年來，就算頂著貿易逆差，美國仍然密切和中國做生意。這段期間，可說是美中關係的蜜月期，相對的，美國國會中和台灣相關的話題就變得冷淡許多，不過雖說如此，還是可以看到許多挺台勢力的傳承。美國國會在美台斷交後一直持續提出台灣相關法案，尤其是在台灣民主運動開始蓬勃發展的八〇年代。

　　自1949年起，國民黨政權頒布了《台灣省戒嚴令》、通過了《懲治叛亂條例》以及《動員戡亂時期檢肅匪諜條例》，台灣開始進入白色恐怖時期。在這段時間，只要是主張台獨、民主，或是討論左派以及共產主義思想等異議人士，都被視為需要整肅通緝的對象，而被列入核發簽證的黑名單。因此，在不得已的情況下，一些人被迫流亡海外，不少人終其一生再也沒有回家。當時，美國是台灣海外民主運動黑名單人士逃亡的首選，隨著來美人數漸增，全美各地有台灣人聚集的地方就開始成立了同鄉會，而這些同鄉會便成為了台灣民主運動的海外基地。這些在美國的黑名單人士，一方面籌措資源支援島內運動，一方面組成團體在美國國會遊說，希望藉由國會透過立法的權力施壓國民黨執政當局，促進台灣的民主化進程。

　　由於這些海外黑名單台灣人的積極努力，與美國國會培養

了深厚的關係，國會中的挺台聲量才得以維持，不僅撐過了美中關係政策轉變的挑戰，也成功幫助台灣在八〇年代漸漸由獨裁專政走向民主。當時於美國國會中大力支持台灣法案的「四人幫」（gang of four）：民主黨的兩位參議員裴爾（Claiborne Pell）和甘迺迪（Edward Kennedy）、民主黨的眾議員索拉茲（Stephen Solarz）、共和黨眾議員李奇（Jim Leach），至今在台美人社群中仍是佳話。在這些議員的努力下，美國國會不斷提出關切台灣人權和民主發展的法案，在解嚴前後就提出多達15個相關立法；後來美國甚至以停止軍售作為威脅，終於讓台灣執政當局不得不做出變革，才有首次破天荒地「公開審問」美麗島事件政治犯（在那之前都是非公開），到後來終於開放黨禁、報禁乃至於解嚴，都和來自美國的壓力有關聯。

　　解嚴之後，台灣民主社會運動風起雲湧，野百合學運以及首次總統直選都得到美國國會熱切地支持與關注，例如1990年3月16日發生野百合學運後，26日，民主黨參議員裴爾就在國會發言聲援這些學生的訴求。現在的我們大概很難想像，40年前中華民國和美國斷交時，智庫「自由之家」（Freedom House）的例行調查報告中，台灣的自由度和中國僅有一線之隔，民主程度更是和蘇聯、東歐等共產國家歸為一類，而現在已名列評分最高等級的民主國家之林。台灣從威權體制走向民主開放之路，太平洋另一端的美國其實都在遠端參與、關注著。近年來，由於台灣自身民主改革的成績斐然，成為美國官員口中「民主政治典範」（an exemplar of democracy）和「世

界上一股良善的力量」（a force for good in the world）。這樣的成就，也使得台灣在冷戰以及反共為主的時代結束後，依然能在美國國會以「區域民主夥伴」的身分持續獲得支持。從美國每屆國會都有許多台灣相關法案提出的情況，我們可以看到，雖然每個時期美國國會挺台的歷史背景略有不同，但這個挺台傳統是有延續性的。

美國國會的「台灣連線」

　　講到美國國會的挺台勢力，就不能不講到「台灣連線」。我們知道，美國國會分為參議院（Senate）、眾議院（House），而每一院（chamber）中又會針對各項議題分有委員會（committee）、小組委員會（sub-committee）。然而，在這些正式的國會組織之外，其實國會成員之間還有另一種組織叫做「連線」（caucus）。在眾議院，連線是被認可的「國會成員組織」（Congressional Member Organizations, CMOs）；而在參議院，「連線」則是被視為非正式組織，有時候也會被稱為「聯盟」（coalition）或是「工作小組」（task force）。無論叫做什麼，組成這些連線的目的，主要是讓有相同興趣、政見和利益的議員們能夠聚在一起互相討論、交流資訊，最終進一步推動國會立法。目前美國國會有上百個連線，關注的主題五花八門，例如：「國會 5G 連線」、「國會黑人連線」、「東協連線」、「國會反托拉斯連線」……等等。每個「連線」的人數、性質以及

影響力不太一樣，一個議員常常會加入多個連線。通常國會「連線」都是跨黨派的，因此常常可以看到由民主黨以及共和黨議員分別擔任「連線」的共同主席。另外，一般情況下，由於「連線」的非正式性，很難確切掌握實際參與的議員人數，通常有賴國會相關遊說的利益團體整理，或是議員自己對外表示。

　　「台灣連線」在國會參、眾兩院都有，眾議院的叫做「國會台灣連線」（Congressional Taiwan Caucus, CTC），參議院的叫「參議院台灣連線」（Senate Taiwan Caucus, STC）。眾議院的「台灣連線」成立時間較早，在 2002 年 4 月 9 日《台灣關係法》23 週年慶期間，由包含四位發起人：布朗（Sherrod Brown, D-OH）、夏波（Steve Chabot, R-OH）、羅拉巴克（Dana Rohrabacher, R-CA）和韋克斯勒（Robert Wexler, D-FL），共 85 位議員成立。參議院則是在隔年 2003 年 9 月成立，發起成員有艾倫（George Allen, R-VA）、強森（Tim Johnson, D-SD）、杜爾根（Byron Dorgan, ND）、杜賓（Dick Durbin, D-IL）、尼爾森（Ben Nelson, D-NE）、洛克斐勒（Jay Rockefeller, D-WV）、龐德（Kit Bond, R-MO）、凱爾（Jon Kyl, R-AZ）、塞申斯（Jeff Sessions, R-AL）、錢布理斯（Saxby Chambliss, R-GA）和殷荷菲（James Inhofe, R-OK）等兩黨議員（美國國會議員的標示通常以簡寫 R 代表共和黨，D 代表民主黨，後面接著的兩個英文字母，則為州名的縮寫）。根據長期在美國國會遊說的台美人組織「台灣人公共事務會」（FAPA）的資料，從 2021 年 1 月 2

日開始、一一七屆國會的「台灣連線」，在眾議院有 122 人（共和黨 63 人、民主黨 59 人），在參議院有 26 人（共和黨 16 人、民主黨 10 人）。在國會兩院共 535 位議員的情況下，有近三成的議員都加入了「台灣連線」，可以說是人多勢眾。

美國國會成立「台灣連線」的契機始於 2001 年 12 月 20 日民主黨眾議員魏思樂（Robert Wexler）訪台時，向陳水扁總統提出的想法。魏思樂長期關注台海安全以及支持台灣參與國際組織，同時他也支持對台軍售，更是當年差點過關的《台灣安全加強法》的連署人之一。在他七屆的國會眾議員任期中，總共連署以及提案了 35 項台灣相關立法，可以說是非常挺台灣的議員。他當年訪台時，台灣第一次政黨輪替後首次國會與縣市長選舉剛結束不久，魏思樂對台灣的民主選舉印象深刻，而他也是美國在 911 事件後第一位來台灣訪問的國會議員。

現在年輕一輩的讀者們可能很難想像，今日台灣引以為傲的民主體制其實歷史並不悠久：1996 年才有第一次總統直選，2000 年才有第一次政黨輪替（國會要到 2016 年才第一次政黨輪替）。在九〇年代末、2000 年代初的台灣正在快速蛻變，但也同時受到中國前所未有的文攻武嚇打壓（從 1996 年首次直選到 2008 年民進黨首次政黨輪替任期結束，台灣年年都有邦交國與之斷交）。在這樣的時間點，美國兩院能夠成立「台灣連線」，除了反映台美關係的重要性之外，也顯示了美國國會對台灣的堅定支持，以及雙方長期以來相互珍惜的友誼。

「台灣連線」議員在國會的表現

　　前面提到國會「連線」成立的目的之一，就在於號召對共同議題有興趣的議員一起交流資訊，進一步協調立法計畫。所以當我們想要了解台灣連線實際上在美國國會發揮了怎樣的影響力，最直接的方式就是去看有多少法案是該「連線」成員提出、動員的。

　　以近期這一、兩屆美國國會的台灣相關法案來看，不少法案都是由台灣連線的議員提出；若要把連署法案的議員也算進去，那就更多了。其中，已退休的共和黨眾議員約霍提案數量最為驚人，光是上屆國會（一一六屆）他就提了五項台灣立法，包括送美國公務員來台灣公家單位工作兩年的《台灣學者計畫法》（Taiwan Fellowship Act）、授權美國政府在中國大陸對台動武時可出兵協防台灣的《防止台灣遭入侵法案》（Taiwan Invasion Prevention Act）等。約霍議員自 2013年上任，國會議員生涯中最關心的就是台灣參與世界衛生組織的議題，連兩屆（一一五、一一六）國會都提案幫助台灣參與 WHO 的法案。同時，他也對維護台灣的主權非常敢言，2018 年他就投書《台北時報》（*Taipei Times*），發表了一篇題為〈承認台灣是一個真正的國家〉（Recognize Taiwan as the country it truly is）[16] 的文章，呼籲美國承認台灣是一個「國家」，要求美國重新檢視對台政策。對於美國長期以來主張的「一

---

16 https://www.taipeitimes.com/News/editorials/archives/2018/12/11/2003705885

中政策」，他認為已不符合現實情況，並曾在出席華府研討會時，公開提出美國應該要擬定「一個中國，一個台灣」（One China, One Taiwan）政策。

而講到廢棄美國的「一中政策」，就不能不提同樣也是台灣連線成員、共和黨的蒂凡尼（Thomas Tiffany）眾議員。他認為美國的「一中政策」已經過時，對台灣人民以及美國都沒有幫助，且忽略台灣已經做為一個實質主權獨立國家超過七十年的明顯事實。更甚者，美國的「一中政策」早就被中共拿來和自家的「一中原則」相互混淆，利用兩者之間曖昧模糊之處在國際社會混淆視聽，處處阻擋台灣的國際參與。因此，連續兩屆國會（一一六、一一七）他都在眾議院提共同決議案，表示美國應該和台灣談雙邊貿易協定（BTA）、支持台灣參與國際組織，以及與台灣恢復邦交。

在上述議員之外，近來「台灣連線」議員的國會立法提案還有：

（1）民主黨參議員馬基（Ed Markey）提出的參議院版《台灣學者計畫法》。

（2）共和黨參議員柯頓（Tom Cotton）的《台灣保證法》。

（3）共和黨參議員霍利（Josh Hawley）提出的《台灣防衛法》（Taiwan Defense Act）以及支持台灣政府採取嚇阻或被迫反擊來自中華人民共和國政府侵略的措施的決議案。

（4）共和黨眾議員裴里（Scott Perry）提出的《台灣附加法案》（Taiwan PLUS Act）、《台灣發聲法案》（Taiwan Voice Act），以及在台灣成為聯合國以及世界衛生組織會員之前暫停美國對這些組織撥款的法案。

（5）共和黨眾議員匡希恒（John Curtis）提出的眾議院版《台北法》、《台灣主權象徵法案》（Taiwan Symbols of Sovereignty Act of 2020）。

（6）共和黨眾議員麥考爾（Michael McCaul）提出眾議院版的《台灣保證法》、《台灣安全法》（Taiwan Security Act of 2017）以及呼籲和台灣恢復邦交的眾議院共同決議案。

如果平常有在關注美國台灣相關法案的人一定會發現，前文的舉例中，似乎少了幾位耳熟能詳、常常提台灣法案的議員。其實，不是所有支持台灣的議員都會加入「台灣連線」。觀測站成員在華府倡議台灣法案時，就曾和議員的助理聊過，才知道有時候議員會因過於忙碌，或其他個人特殊的理由而選擇不加入某個「連線」，但不一定代表該議員就不支持那個議題。像我們當時詢問的那位議員，就單純不想加入以國家為主題的「連線」，但卻常常是台灣法案的支持者。參議員中有非常多這樣的例子，像是非常挺台的盧比歐、克魯茲、史考特（Rick Scott）和賈德納等就都沒有加入台灣連線。

除了在國會提出立法，台灣連線的議員們過去也常常透過

連署信向行政部門，甚至國際組織來替台灣發聲。像是 2011 年 1 月中共國家主席胡錦濤訪美之際，國會參、眾兩院的台灣連線議員就前後聯名致函給當時的美國總統歐巴馬，期望能夠強調整《台灣關係法》以及「六項保證」之中美國對台灣的安全承諾，清楚地表明美國對台灣的立場。2010 年其實是中美關係出現不少波折的一年：1 月，歐巴馬政府首度對台軍售近 64 億美金、2 月時歐巴馬會見達賴喇嘛、7 月美韓在黃海舉行聯合軍演，此外還有因人民幣匯率問題，年初時美中雙方各自就幾項進口商品課徵懲罰性關稅。這些種種都讓中美關係趨於緊張，因此不少人期待 2011 年初的胡錦濤訪美能夠和緩雙方關係；也正因為如此，擔心台灣利益會因此被犧牲的「台灣連線」議員們，才會特地聯名致信，希望行政部門不要忘了對台的安全承諾。

　　台灣連線替台灣安全發聲的例子還有 F16 的軍售案。2011 年時，時任總統馬英九曾向美國爭取購買 F16 C/D 型戰機，因為現有的 F16 A/B 戰機已經過於老舊。據傳因為正值時任美國副總統拜登訪中，以及胡錦濤訪夏威夷與歐巴馬見面之際，為了避免影響美中交流，對台軍售案最後卡在美國國務院沒有下落。那時美國參議院的「台灣連線」就動員了 45 位聯邦參議員連署致函給歐巴馬，要求行政部門基於《台灣關係法》規定的義務，出售 F16 C/D 給台灣，確保台海和平。美國參議院只有 100 席，能夠不分黨派聯合近半數的參議員致信給總統，除了見證了「台灣連線」驚人的動員力之外，也能了解到台灣安

全議題在美國國會的重要性。

　　雖然前文所舉的例子都在歐巴馬時期發生，但事實上，只要遇到美中會談，美國國會的「台灣連線」議員都會有一波連署信給總統，提醒美國對台灣的安全是有承諾的。像是 2017 年 11 月川普展開亞洲訪問行程前，參議院就有 36 位跨黨派的議員聯名致函給川普，希望他前往中國討論像北韓核武等重要議題時，能不忘且支持與台灣重要的夥伴關係。簽署的參議員有參議院「台灣連線」共同主席梅南德茲和殷荷菲，以及馬侃（John McCain）、桑德斯（Bernie Sanders）、盧比歐等重量級議員。另外在眾議院，外交委員會主席羅伊斯（Ed Royce）和委員會的資深成員安格爾（Eliot Engel）在 11 月 2 日也聯名敦促川普公開積極地且如以往重申美國對《台灣關係法》和「六項保證」的承諾。比起參議院版本，眾議院的信額外提到了「六項保證」，在美國對台承諾的呼籲上顯得更加強烈。而在 2021 年初，美中於阿拉斯加舉行會談前，由眾議院「台灣連線」共同主席、共和黨眾議員狄亞士巴拉特（Mario Diaz-Balart）為首共 20 位同黨眾議員，也透過連署信，呼籲拜登政府與中方會談之際，重申美國對台灣的承諾以抵抗中共威脅，並強調美國對台灣的支持是沒有商量餘地的。

　　「台灣連線」議員向行政部門呼籲（施壓），近期還有一個非常值得一提的例子，那就是促請與台灣展開雙邊貿易協議談判。首先在 2019 年 12 月，由眾議院「台灣連線」四位共同主席夏波、康諾里（Gerry Connolly）、狄亞士巴拉特與席瑞

斯（Albio Sires）領銜等共 160 位眾議員連署致函美國貿易署代表萊特海澤（Robert Lighthizer），呼籲盡快和台灣展開雙邊貿易協定（BTA/FTA）的談判。之後，2020 年 10 月，以兩位參議院「台灣連線」共同主席殷荷菲、梅南德茲為首，率領了占參議院席次一半的 50 位參議員聯名致函給萊特海澤，要求和台灣進行雙邊貿易談判。這兩次連署動員的人數都超乎想像的多，且得到跨黨派議員支持。若沒有像「台灣連線」這樣的組織從中協調，很難想像能有如此驚人的成果。

　　看完幾個「台灣連線」向美國行政部門展現影響力的例子，接著我們來看「台灣連線」是如何走進國際、幫台灣向世界衛生組織發聲。2010 年時，當時世界衛生組織幹事長陳馮富珍辦公室發函給全球重要主管，表示在內部文件中應該把台灣視為中國的一省，使用「中國，台灣」為正式名稱。這件事引發我方強烈不滿，在隔年（2011）的世界衛生大會時（5 月）就此事向世衛嚴正抗議。而美國國會議員也在同年 7 月時，以民主黨參議員懷登（Ron Wyden）為首，以及參議院外交委員會亞太小組主席民主黨參議員韋柏（Jim Webb）、參議院外交委員會亞太小組共和黨首席議員暨台灣連線共同主席殷霍夫、共和黨參議員愛薩克森（Johnny Isaksson）和共和黨參議員錢布理斯，共五位議員致函陳馮富珍，要求針對不當矮化台灣稱謂的做法立即予以更正。

　　自從蔡英文政府上台後，2016 年世衛大會第一次延遲發給台灣邀請函，並且在上面加註中國的「一中原則」附帶條

件；而從 2017 年開始，台灣則是再也沒有收到世衛大會的邀請。因此，2018 年世衛大會舉辦前夕，在美國眾議院外交委員會主席共和黨議員羅伊斯、民主黨首席議員安格爾領頭，聯名其他眾議員共 172 位，寫信給世界會生組織幹事長譚德塞（Tedros Adhanom），敦促他同意讓台灣參加該年的世界衛生大會，這也破了與美國斷交後眾議院議員連署為台發聲人數的紀錄。隔年（2019），台灣再次未收到世界衛生大會的邀請，於是 5 月 17 日眾議院台灣連線四位共同主席就聯名致信，呼籲世界衛生組織幹事長譚德塞邀請台灣參與該年的世界衛生大會。在信中，四位美國議員除了反對世界衛生組織以「缺乏兩岸諒解」名義排除台灣，也列出過去台灣在國際上的醫療貢獻，表示台灣在許多醫療專業領域可以對國際社會有正向貢獻。

除了前面提到的那些利用國會力量幫台灣發聲的作為，在國會成立台灣連線、讓支持台灣的美國國會議員們有一個彼此號召的旗幟，更有其象徵意義，代表了台美關係的提升。前總統陳水扁曾表示，在台灣連線成立之前，他過境洛杉磯要與眾議員見面是不能公開的，只能從後門出入且做簡短示意；連線成立後，他再次於紐約過境美國，就能大方地與專程前來的議員們會面交流。此外，當時的第一夫人吳淑珍也在眾議院「台灣連線」成立後的 9 月訪美，期間她除了出席在國會山莊舉辦的歡迎酒會並致詞發言，更是與當時國務次卿波頓（John Bolton）在華府智庫美國企業研究所（American Enterprise Institute, AEI）見面（對比現在台美雙方官員已經能夠經常

在國務院或對方的官署會面，台美關係真的走了很長的一段路）——台美雙邊關係改善可見一斑。

無邦交下台美關係的持續進展

台灣的外交處境困難，參與國際事務常有難以跨越的障礙，以至於我們常常需要透過其他方式來繼續拓展外交。例如：當我方和其他的國家行政部門沒有正式邦交時，便會轉而和其立法部門的國會加強交流，「台灣連線」就是台灣在美國國會努力耕耘的結果。

儘管台灣和美國沒有邦交，但因為歷年來美國國會通過了一系列台灣相關法案，尤其是近年的《台灣旅行法》、《台北法》和《台灣保證法》，來規範台美之間的交往，某種程度上其實是用立法部門通過的法案，替代了邦交國行政單位之間互訂協議的功能，算是在沒有辦法之中的變通之法。因此，台灣和其他國家立法機關的交流其實對我們的外交來說相當重要。事實上，在美國國會成立「台灣連線」之前，台灣這邊早就已經有類似的對美組織了。

中華民國立法院一直以來都有與各國國會交流的聯誼會，當然與美國的聯誼會也不例外，只是最早的名稱叫「中美國會聯誼會」。一直到了 2002 年 3 月，立法院將之更名為「台美國會議員聯誼會」（後簡稱為台美聯誼會）。改名之後的首任會長是民進黨立法委員蔡同榮，而他也是在美國長期替台灣向美

國國會遊說的公民組織 FAPA 的共同發起人之一。聯誼會改名時，蔡同榮曾表示，要讓台美國會議員聯誼會成為台美外交工作的重要對口單位。值得一提的是，當時台美國會議員聯誼會的發言人，就是 2020 年成為台灣首位女性駐美代表的蕭美琴。

　　過去的 20 年間，台美雙邊的國會一直積極交流。像 2002年美國眾議院、2003 年參議院成立「台灣連線」時，我們的台美國會議員聯誼會都特地前往華府祝賀。而 2003 年 1 月，眾議院台灣連線的三位共同主席也領隊組團來台，參加台美國會議員聯誼會舉辦的亞太地區安全會議。實際上，台美國會議員聯誼會幾乎年年都會組團到美國進行交流。透過像這樣的國會外交，除了促進議員之間的情誼外，也能讓我們突破外交障礙傳達重要訊息給國際夥伴；例如：籲請美方代表支持台灣的國際參與，以及強化台美之間軍事和經貿上的合作。從前面的介紹我們可知，美國國會台灣連線在這些議題上幾乎都會有所回應，在華府替台灣努力發聲。

　　2020 年 7 月 20 日，在第十屆立法院台美國會議員聯誼會的成立記者會上，時任美國在台協會處長酈英傑表示，他對台美聯誼會以創新的方法使美台關係更上層樓有信心。當天，蕭美琴也以即將赴任駐美大使的身分出場致詞，期待台美聯誼會能做為她的外交後盾，一起為深化台美關係努力。從當年聯誼會的發言人到今日的駐美大使，蕭美琴的公職生涯可以說是台美關係發展的見證。會中台美聯誼會新任會長羅致政提到，希望能夠在 2021 年訪美，參加美國總統就職典禮。當時他們或

許都沒想到，之後蕭美琴會成為 1979 年斷交以來，台灣第一位獲得美國「就職典禮國會聯合委員會」具名以「外交使節」的身分正式邀請者。

台美國會議員聯誼會以及美國國會「台灣連線」模式的成功，讓「國會外交」成了台灣對外拓展關係重要的一環。近年來，由於「開放政府」（open government）概念興起，加上美國、加拿大、英國、澳洲、德國、荷蘭、法國等 78 個國家組成了「開放政府夥伴關係聯盟」（Open Government Partnership, OGP），台灣也積極往開放政府的方向努力。2020 年 5 月，由立委林昶佐提案並獲得跨黨派支持的「立法院與民間協力推動開放國會行動方案」在立法院正式通過，要推動多項國會透明化的改革，使台灣更符合國際上開放國會的願景。

2020 年 10 月 28 日，隸屬於美國國家民主基金會（National Endowment for Democracy, NED）旗下的美國國際民主協會（National Democratic Institute，下稱 NDI）及國際共和研究所（International Republican Institute，下稱 IRI）分別宣布將在台設立辦公室。美國國家民主基金會的成立源自於雷根總統時期「民主計畫」（The Democracy Program）的構想，透過國會每年撥款預算，成立一個非政府的非營利機構，對美國以外的國家或地區推動民主與自由。NDI 和 IRI 雖然官方上是非黨派組織，但一般認為前者的專家學者較多民主黨背景，而後者較多共和黨背景。這次，NDI 及 IRI 雙雙在台灣設立辦公室，除了顯示台灣的重要性受到跨黨派的支持，也意味著未來台灣在

民主治理與發展上有更多和國際夥伴合作的可能性。2020年底，總統蔡英文受邀參加NDI年會視訊演說，感謝NDI和IRI在台設辦事處。2021年3月9日，立法院長游錫堃向外宣布，已與NDI簽訂合作備忘錄（MOU），將就開放國會、開放政府、開放資訊等議題展開合作。

　　不論是美國國會台灣連線、台美國會議員聯誼會，還是與NDI簽訂MOU，都可以看出台灣在處處受限的外交現實中，用「國會外交」打破重圍。未來與NDI或是IRI的合作，更是向外證明台灣的國會有能力獨自和其他國家的國會交往，避開許多過往卡在國家身分而無法參與的國際交流。

　　從NDI和IRI在台灣設辦公室的新聞稿中可以得知，台灣的民主已被美國視為亞太地區及全球的榜樣，美國希望透過與台灣的合作，在區域建立抵抗專制勢力的能力。台灣走過了早期的專制獨裁時代，在許多人的努力，以及在美國國會及各方面幫助的推波助瀾之下，今日已成為許多國際媒體讚譽的「亞洲民主燈塔」，我們用自身的民主實力與世界上其他民主陣營國家交往的時代已經來臨。[17]

---

17 本章參考資料：〈40年後，回不去的美中關係〉，中央社；參院成立台灣連線：外交部新聞稿；參院成立台灣連線：FAPA新聞稿；國會台灣連線成員，眾議院、參議院：FAPA；台灣連線成立之契機：總統府〈總統接見美國聯邦眾議員魏思樂〉；台灣連線成立後台美關係之改善：總統府〈總統接見美國聯邦眾議院「國會台灣連線」訪問團〉；2011年胡錦濤訪美之際，台灣連線議員聯名致信歐巴馬：中央社；台灣連線議員致信歐巴馬通過對台F16 C/D軍售：中央社；中美會談前20位眾議員連署致函拜登：上報；參議員就矮化台灣稱謂致信陳馮富珍：外交部；172位眾議員連署致信譚德賽：RFI；美國「國會台灣連線」與台灣「台美國會議員聯誼會」交流：外交部；台灣啟動開放國會行動方案：林昶佐臉書；台灣宣布與NDI簽MOU：《經濟日報》。

第三部
美國的風吹到台灣之後：
美中台重大議題

第十章

美豬來不來與科技產業鏈

美豬來不來

台灣的滷肉飯和排骨便當都是著名的美食，但不知道讀者們有沒有想過，其實你吃的每一口滷肉飯都與台灣的國際處境與戰略規劃有關。

2020 年 8 月 28 日下午，台灣總統府召開記者會，由蔡英文總統親自向國人說明台灣將自 2021 年元旦起正式開放擴大 30 個月齡以上的美牛，以及含萊克多巴胺的美豬（簡稱萊豬）進口。不到 12 小時，美國從副總統、國務卿、商務部長、農業部長到白宮國安會，都公開對這項決議表示期待、讚許，然而此決議卻在台灣國內引起譁然，引來支持與反對派的熱烈討論。兩個月後，出現了以反對萊豬開放為主軸的「秋鬥」抗議行動；三個月後，反對黨國民黨的立委將豬肉內臟帶進立法院，扔向前來質詢的行政院長，引起一片混戰，讓台灣成為國

際頭條新聞。直到今天，雖然決議和相關措施已正式上路，
美豬議題仍舊在公共議題的浪頭風口，並且成為 2021 年 8 月
時的公投議題之一（後因 COVID-19 疫情關係，延至 12 月投
票）。

美豬、美牛進口：台美 FTA 的疙瘩

　　要談美豬、美牛議題，必須要從全球貿易的角度來看。經
濟上的自由化、貿易自由主義的浪潮早已在全球蔓延，在「互
惠」（reciprocity）原則之下，降低貿易雙方事實上的貿易障
礙，成為貿易談判的首要課題，尤其美豬、美牛進口，更是
台、美雙方歷時三任總統、討論了近二十年的重大議題。我們
在第三章提到 1974 年開始，第三波民主化浪潮襲捲全世界，
與此同時，降低貿易障礙也在此時成為國際貿易的追求目標，
「不歧視」（不因產品來源地不同而有差別待遇）的概念備受
推崇，1990 年代成立的世界貿易組織（WTO）也以上述的原
則作為組織圭臬。在如此潮流下，各國間開始推動自由貿易協
定（Free Trade Agreement, FTA）或是雙邊貿易協定（Bilateral
Trade Agreement, BTA），降低兩國間的貿易壁壘，造就了
2000 至 2021 年，[1] 全球的自由貿易協定從 98 個增長到 552 個。

　　至於台美之間，台灣為美國第九大貿易夥伴（2020 年），
美國則為台灣第二大貿易夥伴，雙方當然也想推動 FTA 以增

1　2000 年為中國入世的前一年，同是著名經濟學家傅利曼（Milton Friedman）
　　定義中第三次全球化的第一年。

進貿易往來和外交關係，因此台美之間的「貿易暨投資架構協定」（Trade and Investment Framework Agreement, TIFA）就在 1994 年誕生了，除了為 FTA 的簽訂做協調、準備，也同時作為台美間最重要的官方經貿議題諮商平台。[2] 不過，縱使從 1995 年開始的十次會議裡，台美都將推動台美 FTA 納入重要議程，但過了超過二十年，FTA 仍未成形，甚至連 TIFA 都還在期間走走停停。之所以會如此的背後原因，正是第五章提及的，美國貿易代表署每年出版的《各國貿易評估報告》（The National Trade Estimate Report on Foreign Trade Barriers, NTE），那是美國貿易代表署代表官員與台灣經貿談判代表辦公室交涉協調 FTA 時的判斷依據。

自 2017 年起連續四年，美國貿易代表署公布的《各國貿易障礙評估報告》都點名台灣在美豬、美牛進口上未符合國際標準及遵守雙邊協議，呼籲解除含萊克多巴胺豬肉與牛雜禁令，而美豬、美牛的爭議正是導致 TIFA 斷斷續續的一大原因。除此之外，台灣稻米的採購制度、綠馬鈴薯的進口限制、農藥殘留容許值訂定程序，以及對美農業生技產品與有機產品的市場進入障礙，也都在其中；報告指出，台灣方面與上述相關的規定均缺乏科學基礎。

從陳水扁總統執政時期開始，台灣就嘗試突破美豬美牛的 FTA 障礙，2007 年衛生署預告將公告萊克多巴胺使用於豬、

2　目前已歷經十屆（1995、1997、1998、2004、2006、2007、2013、2014、2015、2016 年）會議，輪流在台北、華府舉行。

牛各部位的殘留容許量，並向世界貿易組織通知打算開放萊牛、萊豬進口。但由於當時狂牛症疑慮圍繞著美牛，台灣民眾與畜牧團體極力反彈，再加上中國國民黨的杯葛，台灣的進口豬、牛肉萊克多巴胺容許值鬆綁案破局，也導致了 2008 年的 TIFA 談判喊停。台灣方面先答應開放後又反悔，對於後續談判也有不少負面的影響。然而到了 2012 年，推動與反對方角色對調，改由執政的國民黨的馬英九總統提出「安全容許、牛豬分離、強制標示、排除內臟」四項原則，推動鬆綁萊豬與萊牛限制，促使台美 FTA 談判進行，不過民進黨拒絕，占領立法院議場五天四夜，要求「進口美豬，總統下台」。直到 2012 年年底，台灣立法院終於通過月齡 30 以下的美牛進口，隨後 TIFA 重啟。

2017 年後 TIFA 再度卡關，雖然當時主要原因分別是美國國會遲遲無法通過美國貿易代表署副代表人選，還有美中貿易戰使美國貿易代表署團隊優先處理與中國的問題。不過因為台灣的進口豬、牛萊克多巴胺爭議一直無法解決，也使 TIFA 會議重啟前景在先前一直黯淡無光。

一些台灣民眾可能會認為，進口萊豬、萊牛是在犧牲國人的健康，況且歐洲國家使用更高的標準限制美國豬、牛肉品進口，台灣的要求應屬合理政策，為何我們就要讓步呢？如此要求和考量確實有其道理，但若嘗試換位思考，以美方的角度解讀，這些含有萊克多巴胺的肉，是美國人吃了幾十年的肉，在他們眼裡，這肉不僅沒有健康疑慮，甚至還通過了國際標準。

美豬在台灣是否銷得出去是一回事，但至少要給美國一個公平競爭的機會，更何況美、台兩方之中，迫切需要這項FTA的是台灣而不是美國，憑什麼要美國接受台灣的「無理取鬧」呢？

講白一點，台、美的萊豬、萊牛爭議在這個角度來看，是Kimoji（觀感）的問題，畢竟就像前文所提，外交的本質就是交朋友，因此當一方沒有以「說好的自由貿易」行動，就會導致雙邊關係的裂痕。

在陳水扁擔任總統時期，時任美國在台協會處長楊甦棣（Stephen Markley Young）就曾告訴他「美牛不是科學問題，也不是健康問題，而是政治問題」；到了馬英九時期，當時的AIT處長司徒文（William A. Stanton）抨擊馬英九政府，稱馬英九討論含瘦肉精美牛進口議題就像「漫長又黑暗的隧道」，是台灣「保護主義」的代表。[3] 到了蔡英文政府，終於台灣宣布放寬美豬美牛，美國多位議員與官員公開讚揚、表示期待。但如今回過頭來看這三位總統的行動，會發現他們都是在無連任壓力的第二任期推動放寬美豬美牛進口，其中蔡英文總統還是在防疫表現優良、獲得高度民意基礎時推動的，換言之，三人都相當有決心要解決美豬美牛對台美FTA的阻礙，而之所以會如此，背後的原因就是台灣特殊且艱辛的國際處境。

3　〈司徒文轟我「保護主義」AIT處長告別演說 批美牛淪政爭人質〉，《蘋果日報》，2012.6.28：https://tw.appledaily.com/headline/20120628/MAV3OSFBVWJQ7GTCLW3H3ZRREY/。

需要 FTA 的台灣

　　台灣經濟高度仰賴國際貿易，根據 WTO 於 2019 年的數據，台灣進出口值在全球排名第十七，而我們的貿易依存度長期維持在 100% 以上，出口占國內生產毛額（GDP）比重也超過六成。然而，台灣這麼一個仰賴國際貿易的國家，卻因為中國打壓的因素，在這個自由化、各國加入國際、區域組織的今天，經常被排除在外。

　　多年來，台灣爭取加入以亞太國家為主的跨太平洋協議（CPTPP）、以東協國家為主的區域全面經濟夥伴關係（RCEP）都未出現曙光，雖然以台澎金馬個別關稅領域（The Separate Customs Territory of Taiwan, Penghu, Kinmen and Matsu）的名義為 WTO 的一員，不過近年來，WTO 的多邊貿易談判緩慢，各個經濟體開始以 FTA、BTA，或經濟合作協議（Economic Cooperation Agreement, ECA[4]）的雙邊架構進行經濟整合，但台灣仍舊因為中國因素在雙邊貿易協定的推動上受到層層阻礙。除了與現任邦交國以及斷交不久的巴拿馬、薩爾瓦多有 FTA 以外，台灣就只有與中國簽訂的海峽兩岸經濟合作架構協議（ECFA）、與紐西蘭的台紐經濟合作協定（ANZTEC），以及與新加坡簽訂的台星經濟夥伴協定（ASTEP），加總起來共 11 個 FTA 與 ECA，相較之下，中國已簽訂 19 個，其中還包括

4　FTA 與 ECA 的概念基本相似，前者更著重於關稅壁壘，後者則是涵蓋勞工、環保、經濟等多重面向的貿易障礙。

與 RCEP 和東協的大型區域自由貿易協議。

為了拓展國際貿易空間、確保台灣的經濟發展，若能與全球第一大經濟體美國，同時也是台灣的第三大出口市場簽訂 FTA，不但能大幅提升台灣企業在美國市場與他國企業公平競爭程度（因為可以降低關稅）、促進更多的貿易往來，也有機會提高未來台灣與其他國家進一步洽簽 FTA 的機會。這也是為什麼每一位總統都如此注重與美國簽訂 FTA。

選擇在 2020 年放寬美豬限制、推動 FTA，在時間上也有特殊涵義。台灣在 1997 年 2 月 20 日爆發口蹄疫，等待超過二十年，近年終於從口蹄疫疫區除名，與此同時，「非洲豬瘟」也防治有成，這讓一向以口感品質取勝的台灣豬肉有很大的機會能重啟外銷大門。基於自由貿易互惠的原則，既然台灣豬肉希望能出口到其他國家，那美豬也該以同樣的模式無阻礙地進口到台灣。

雖然放寬開放美豬美牛進口並非台美 FTA 或 BTA 的保證門票，但確實是向最終的目標跨出了一大步（畢竟，過去已有多位美方行政人員公開表示，台美貿易談判最大的障礙就是美豬牛的進口問題）。多位美國國會議員在美豬、美牛決議確定後，都對台灣的舉動表示肯定、公開呼籲推動台美 FTA；國會方面包括參議院的外交委員會議員里契（Jim Risch）、參議院軍事委員會主席殷荷菲、參議院外委會主席議員梅南德茲、外交委員會亞太小組主席賈德納。而行政部門方面，美方更是罕見地在不到二十小時內，從副總統、國務卿、商務部長、農業

部長、白宮國安會等，皆公開表態高度稱許；如果沒有事前充分溝通與協調，美國副總統和部會首長們不可能像這樣一起公開、快速回應此事，也展現了台美更加緊密的互動。

　　事實上，除了經貿的發展，台美簽訂 FTA 也有高度的戰略意義，尤其是在美中對峙的情勢之下。共和黨籍眾議員麥克林（Lisa McClain）和另外 23 位議員於 2021 年 3 月就致函給總統拜登，呼籲對台啟動 FTA 洽簽程序。信中提到，美國與台灣正式簽署 FTA，不僅能為兩國創造巨大的經濟利益，也能加強美方在印太地區反制中國的影響力，讓盟友更有勇氣對抗中國。換句話說，這個直接影響進出口貿易的經貿決策，實際上與台灣的戰略與區域定位息息相關。

　　而在 2021 年 6 月的最後一天，TIFA 終於在時隔五年後復談了！不少人可能會有疑問，已經暫停五年的 TIFA，怎麼從傳出復談消息到談判開始只花了不到一個月的時間？而且為何會是在台灣 COVID-19 疫情爆發時提出的呢？其實這不僅是回應台灣去年底解決長期卡關的美豬進口問題，同時也反映了美國對台灣的進一步的觀察，以及提升台灣在供應鏈上的重要性。

　　從美國決定捐贈疫苗給台灣的時候開始，就有許多新聞指出，美方主要考量點在於台灣的「政治疫情」比實際疫情還要嚴重許多，這當中首要當然就是「中國因素」。美方見證到中國因素是如何影響台灣的政治局勢，而這會影響到美方在整個印太區域的布局。其實從先前台灣的總統大選時就可看出端倪，總統候選人對中國的態度一直都占有決定性的比例，不少

的政治人物常常都是在中國因素與民意之間拉鋸。可預見的
是，只要中國威脅仍存在，中國仍然會是台灣大選上的關鍵議
題，這使得台灣每次的大選都將是選邊站的考驗，而倒向任何
一方都可能產生巨大的改變。

　　台灣國內因為美豬問題對美國的反彈，以及 2021 年 5 月
份社區感染的疫情爆發，更使得美國擔心台灣社會將成為中國
疫苗戰以及假訊息滲透形成的輿論場。尤其 6 月底中共百年黨
慶將屆，中國正擴大宣傳中國疫苗的有效性，並藉由上海復星
代理的 BNT 疫苗，間接迫使台灣承認「是中國一部分」。全球
疫情爆發後，中國對台灣的資訊操弄攻擊也增加，[5] 這些都是台
灣社會在病毒肆虐後受到的額外傷害。觀察到台灣所面臨的多
重壓力，讓美國加速、加量捐贈疫苗給疫情相對穩定的台灣，
並且透過 TIFA 復談表示對台灣的重視與友好，確保台灣人民
維持對美國的信心，進而使其在台灣的利益得以受到保障。
除此之外，能夠促成這場會議，也要感謝許多多次寫信給美
國總統和貿易代表強調台灣對美國重要性的議員。不過，從
TIFA 到 FTA 仍舊有相當多的議題需要討論並解決，其中，12
月的萊豬公投會如何發展？怎麼影響台美貿易關係？這會是一
大問題。

5　Kathrin Hille, 2021. Taiwan's unity cracks under Chinese disinformation
　onslaught. *Financial Times*. 2021.6.29. https://www.ft.com/content/f22f1011-
　0630-462a-a21e-83bae4523da7.

萊豬公投案，台美關係的考驗？

台灣在野黨推動的反美豬公投，背後反映了台灣民眾對食品安全的疑慮，但其結果可能會影響台灣在跨國協議上的參與機會。選擇拒絕萊豬，很可能會讓台灣朝向中國的期望的方向前進，台灣除了會在經貿上更加孤立，也會讓台美關係倒退一步，在貿易議題上進一步被分割。而這種分割，可能會連帶導致其他友台國會議員與白宮改變對台政策。尤其對於農業州的美國參、眾議員來說，能夠開放豬肉進口台灣，是對他們自己選民的政績與交代，若計畫生變，這些議員未來未必還會繼續支持友台政策。

同樣的觀點也適用在剛上台不久的拜登身上。即便民主黨對全球暖化議題的關注似乎高於經濟發展，但從拉攏選民的角度來說，沒有任何政策比推動出口貿易刺激經濟來得有效。換言之，台灣如果拒絕萊豬，很可能會給正在討論的台美雙邊貿易協議畫上休止符，正如過去幾次台灣拒絕美國牛豬進口之後的發展。

反過來說，如果公投案沒過，則台美關係勢必可穩健的繼續發展。但過去地溝油、毒澱粉（2013 年）等食安事件使得台灣人非常憂慮食品安全，也提供了政治更多的操作餘地；2017年時反美豬公投的連署成為 2017 年公投法修法後，最短時間達成最高連署份數紀錄，由此可看出台灣人有多麼憂慮食安問題。雖然含有萊克多巴胺的美國豬肉在生物實驗上已證實對人體無甚傷害，如果要食用到會傷害身體的劑量，更是數學上的

不可能。舉例說明，以正常會傷害人體的劑量來說，體重60公斤的成年人必須每天吃超過5公斤的肉才會超過一天的食用安全容許量；假設以便當裡的主菜排骨來算，差不多要一天吃40片排骨才會超標。以台灣人的平均食肉量來算，我們差不多要吃多於正常人30倍肉量的萊克多巴胺肉品，才會達到對人體有毒害的劑量。

　　其實，含萊劑的美牛早已進口多年，並在大賣場熱銷，然而這個事實和上述我們提到的數據，不見得能說服民眾、改變疑慮。民眾是否會為了難以直接丈量的「台美關係」發展而接受美豬的進口政策呢？顯然政府還需要更多的說服與溝通。

滷肉飯裡的台灣外交戰略

　　台灣民眾在討論外交關係或互惠時，經常會以「交換」的概念去理解一項政策的益處，然而這樣的想法是對外交本質的認知並不充分，因為外交並不只是基於一次性的交易，「交朋友」也是要點，因此雙方感情的培養也非常重要。近年，台美關係持續穩健前進，且不斷達成新的突破，台灣本土豬肉的安全疑慮已解除，可以開始外銷。在美中角力的兩難之下，蔡英文政府之所以做了一個進口萊豬、萊牛這樣相對冒險的決策，目的就是大幅增進台美關係，以及深化台灣在印太戰略中的立足。然而，台灣當前的民意以及民眾對台美關係實質上的進展認識，卻可能不夠直接，在這樣的情況下，公投恐怕會變成台美關係的程咬金，並可能讓台灣的國際地位繼續被孤立。

要討論美豬、美牛的議題，比起著眼在食品安全的領域，我們也可以換個角度思考，試著了解如此決策背後的原因與目的。在我們看來，進口與否只是潛在的食安問題，但背後卻可能是國安與國家發展的選擇，要如何衡量才能最顧全大局呢？這是我們所有人都必須深入思考的問題。而這，正顯示了解台美關係及外交關係有多重要。

科技產業鏈

前面章節提到，我們不該一味稱台灣為「棋子」，應該看見台灣在國際場域上不可取代的戰略地位，稱台灣為「重要槓桿」。那麼，台灣的重要槓桿到底有什麼實質內容？為何能在美中貿易戰開打以及各國晶片荒時，不僅成為全球少數受惠的經濟體、重要性提升，還被摩根士丹利投資管理公司（Morgan Stanley Investment Management）的全球首席策略師夏瑪（Ruchir Sharma）稱為「世界上最重要的地方」？

牽動全球科技產業的台灣

2020 年 9 月，美國知名金融研究公司投資地（InvestorPlace）的一篇文章直接點名「台積電是世界上最重要的公司」，[6] 三個月

6　Dana Blankenhorn, 2020. "Taiwan Semiconductor Is the Most Important Company in the World." InvestorPlace. 2020.09.01; https://investorplace.com/2020/09/tsm-stock-the-most-important-company-in-the-world/

後，著名的全球金融投資策略管理師夏瑪又在《紐約時報》上投書，[7] 指出台灣靠著領先全球的晶圓技術以及「純晶圓」的代工商業模式，成為「全球科技霸權爭奪戰的中心」。到了2021年初，車用晶片的缺貨危機讓德國政府罕見發函給台灣官方，期望台灣能援助，解決晶片短缺的問題。不久後，Google前首席執行長且擔任過美國國防部科技顧問的施密特（Eric Schmidt）在美國國會聽證會上明言，「台積電」對美國的國家安全至關重要。一連串的新聞都顯示了，在這個經濟成長、國防安全與科技創新都極度仰賴半導體科技的世界，台灣不論是產量或是科技技術，都有著難以取代的地位，而這更是讓台灣成為國際角力場域的關鍵。

　　現代人的生活幾乎處處都需要用到晶片，舉凡汽車、手機、遊戲機等等，而全球一年約4,390億美金的晶圓製造市場中，包含了晶片設計、電子設計自動化軟體、半導體設備、化學原料、晶圓製造與代工等等。根據彭博社的分析，前兩者由美國占據主導地位，荷蘭的艾司摩爾公司（ASML）是半導體設備的龍頭，日本是製程設備、化學原料、晶圓的主要供應商，而台灣則是晶圓代工的主要供應基地。當全世界半導體設計和製造商都在追求體積更小、性能更強大的晶片，他們就必須仰賴晶圓代工廠商的先進製程來生產晶片，這些晶圓代工廠

7　Ruchir Sharma，〈世界上最重要的地方：台灣〉，《紐約時報》，2020.12.15：https://cn.nytimes.com/opinion/20201215/taiwan-computer-chips/zh-hant/。

有三分之二來自台灣，其中最主要的廠商就是台積電。

　　許多觀察家相當關注晶片先進製程的發展與生產狀況（目前台積電和三星是目前全球唯二擁有五奈米製程技術的公司），而到底是什麼讓台灣這個只有2,400萬人口的島國孕育出左右世界的科技，夏瑪分析，這是因為中小企業和純代工的模式讓台灣在技術和市場上更具優勢；另有研究報導指出，是因為新竹科學園區擁有完整的半導體產業鏈，從晶圓製造、封裝、測試的一條龍平台；也有研究者提出，是因為台灣的產學合作、培育高階人才成功。不過，若回到台灣「積體電路工業發展計畫」之初，就會發現美國提供的技術轉移功不可沒。

　　為了擺脫農業加工製造的經濟模式，1974年，台灣經濟部長孫運璿決定重點發展電子產業，不過當時的台灣缺乏積體電路的技術，必須向外國公司求教，而唯一願意教台灣的，是美國無線電公司（Radio Corporation of America, RCA）。[8]就這樣，工研院派出多位台灣優秀的工程師去美國受訓，進行從電路設計、光罩和晶圓製作、包裝與測試、應用到生產管理的技術轉移，回台後建立起第一座晶圓示範工廠，奠定台灣積體電路產業的基礎。

　　在接下來的發展階段，有不少留學美國的台灣科技人才回國，張忠謀就是其一，後來他們都成為了推動台灣半導體業的

8　然而RCA在桃園市設廠，卻於1990年代起爆出土壤及地下水污染公害事件，衍生逾一千三百人罹癌、兩百多人死亡的不幸事件。2017年台北高等法院二審宣判受害人自救會勝訴，RCA、湯姆笙公司須賠償新台幣7.1億。

重要功臣。1996 年，當中國的改革開放吸引了許多跨國企業進駐中國時，前總統李登輝先生提出「戒急用忍」，讓廠商們不至於一下子就把資金和技術轉移至中國大陸，這也確保了台灣至今能保持技術領先。近幾年，美中貿易戰開打，美中比拼晶片研發與領導技術，各產業擔心美中之間的制裁會導致貿易斷鏈，便開始針對晶圓下單備貨（甚至是囤貨）。2020 年，全球疫情爆發，宅經濟、數位轉型、遠距工作，以及多國發展5G 技術，又讓晶片需求大增，甚至引發晶片荒。多重累加的國際事件加上台灣半導體業的經營模式與優越技術，讓台灣的科技地位一枝獨秀。

　　1970 年代的美國無線電公司可能萬萬沒想到，當時對台灣的技術轉移，在四十多年後，竟讓台灣發展成供應全球科技產業鏈的要角。而更難以預測的，則是他們提供的技術竟然成了「矽盾」（Silicon Shield），不但守護台灣的國家安全，還成為決定美國戰略規劃的重要關鍵。

「護國神山」、「矽盾」：守護台灣的金鐘罩

　　不少台灣人提到美國對台灣的承諾時，常常會說：「美國憑什麼要保護台灣？」「美國哪會為了台灣和中國對槓啊？」然而，台灣除了在「第一島鏈上」的重要戰略位置（假設中共取得台灣，等於取得了面向整個太平洋的出海口以及海軍基地，將嚴重威脅美國的霸權地位及戰略優勢），我們的先進半導體技術也是美國必須要想辦法保護台灣的原因。以下就讓我們來看

看美國的國際領導地位和目前的戰略處境。

　　雖然身為全球科技的領頭羊，又是半導體的第二大消費市場，美國的半導體生產卻高度仰賴亞洲地區，只有12%是在美國當地生產。而中國的半導體技術雖然落後，卻是世界首要的製造基地，再加上中國提出的「中國製造2025」明言要與美國搶奪國際科技的領導地位，讓美國備感威脅。為了確保美國的地位不被中國超越、民主國家持續作為世界領導者，不僅要拉攏技術優越的台灣成為重要戰略夥伴，更不可讓台灣被中國控制，這也是為什麼美國資訊業評論員艾迪森（Craig Addison）在2020年投書，提出「矽盾」一詞，[9]認為台灣在全球科技供應鏈的地位，使美國為首的工業先進國家必須保護台灣不受中國軍事攻擊。半導體市調公司VLSI Research董事長哈奇森（Dan Hutcheson）則認為，美國無法承受台灣被中國控制的代價，並說台灣晶片技術將成為美國對中的最佳防衛，台積電將使台灣成為美國的第五十一州。[10]

　　當然，美國確保台灣安全的同時，也透過產業鏈在地化來調整自己的戰略優勢。美國國防部2020年就推出「快速保證微電子原型—商業」（Rapid Assured Microelectronics Prototypes-

9　Craig Addison, 2000. "A 'Silicon Shield' Protects Taiwan From China." *The New York Times*. 2000.9.29. https://www.nytimes.com/2000/09/29/opinion/IHT-a-silicon-shield-protects-taiwan-from-china.html

10　Richard Waters, 2020. "US chip industry plots route back to homegrown production." *Financial Times*. 2020.8.3. https://www.ft.com/content/ff7996bb-1309-4921-89c1-11aa8e6507de

Commercial, RAMP-C）計畫，提供獎勵來鼓勵、提升美國的晶片技術開發以及建立先進晶圓廠。美國國會也呼應了同樣的目標，在同年6月提出《半導體生產激勵法案》（CHIPS for America Act）和《美國晶圓代工業法案》(American Foundries Act of 2020, AFA）[11]，不僅推動電子產業供應鏈本土化，還要求增加半導體研發的投資。前者的提案人，德州共和黨籍參議員柯寧（John Cornyn）在新聞稿中表示：「美國已經在這半導體的議題上，看見自己有多脆弱。」

　　台積電在2020年宣布赴美設廠的動作（預計2021年動工、2024年量產），正是美國基於掌控先進技術以及確保供應鏈安全的戰略考量之下，極力促成的。[12]在美國亞利桑那州設廠對台積電來說並不符合經濟效益，雖然可以拿到更多美國的訂單，但亞利桑那州廠年產量也只有約24萬片晶圓，無法和台灣的1,200萬片相比，而且建造廠房也所費不貲，營運成本勢必會再提升。也就是說，從經濟的角度來看，台積電赴美設廠不是個能以效益取勝的計畫。不過在華府官員眼裡，美國當前的處境不僅缺乏技術優勢，晶片的主要供應商還身處在受中

---

11 《半導體生產激勵法案》參、眾議院皆於提案階段，提案人都為共和黨議員，但獲得跨黨派的連署，兩院都已送交商業、科學和運輸委員會；《美國晶圓代工業法案》參議院於提案階段，提案人為共和黨議員，但獲得跨黨派的連署，已送交商業、科學和運輸委員會。

12 選票考量當然也是一個原因。亞利桑那州是搖擺州，設廠消息公布時又是競選即將進入激烈期的5月，台積電赴美設廠所承諾的1,600個新增工作機會，直接呼應了川普「工作！工作！工作！」（Jobs! Jobs! Jobs!）的競選口號。

國長期壓迫的台灣，而且這些晶片還包括讓 F-35 戰鬥機能精準、迅速感應周遭空域的晶片和 5G 的通訊晶片，怎麼想都是對美國國安和國力的潛在威脅。

在美國提供大量補助的情況下，台積電決定赴美設廠。事實上，不只台積電，韓國三星也是美國亟欲拉攏的對象，並且已經在德州奧斯汀（Austin）建立晶圓廠，確保能穩定供貨給蘋果等大型客戶。

看到這，可能有些國人會擔心：如果美國拿到了半導體先進製程的技術，台灣是否會失去談判籌碼？

以目前來說，短期內不用擔心。首先，2024 年廠房啟用後，其使用的五奈米製程已非最先進的技術；畢竟 2020 年台積電就已經開始在台灣用五奈米製程生產，也已經在往三奈米製程前進。再者，雖然英特爾（Intel）和三星在技術研發上確實不亞於台灣，但正如夏瑪等多位分析師所提，多數採購半導體的顧客傾向台積電的「純代工」商業模式，因此相較之下台灣仍有一定優勢。不過長期來看，台灣的科技業發展計畫還是得相當謹慎，除了來自其他民主國家廠商的競爭外，更重要的是，台灣乃至於其他民主盟國們，也面臨著來自中國的競爭。

近年中國花費巨資發展半導體技術，目標是在相關製程上追上三星及台積電。中國半導體廠商也以高薪挖角台積電等台灣半導體大廠的高階主管與工程師。雖然目前台積電在中國南京的廠房（為中國最先進的晶圓廠）受台灣法令約束，僅生產 12 和 16 奈米的晶片，但根據提出「矽盾」一詞的澳洲記者艾

迪森分析，中國縱使在去年向台灣及日本、南韓等地採購了高達320億美金的半導體設備，在缺乏製程的知識與高技術人才的狀況下，還是很難追上台灣；[13] 美國《外交政策》期刊的文章更估計，至少在五到十年內，中國難以建立獨立的半導體產製供應鏈。2021年7月，中國最重要的半導體公司紫光集團申請破產重整，更是重挫中國的半導體產業計畫。但長期而言，台灣正面臨少子化、國際搶人才的局面，在如此的環境下，要如何維持技術優勢，的確是重要功課和挑戰。

　　比較值得注意的是，拜登政府上台半年以來，針對產業鏈的重組和科技業的發展方向，已經有很多的討論。初步來看拜登政府打算要投入許多資源來發展某些特定的產業，例如電池製造、稀土，以及半導體業。如果照這種策略發展下去，跟台灣的廠商之間也會有很多的競爭關係，這是我們要繼續觀察追蹤的方向。

台灣科技對美國的區域戰略意涵

　　除了將具高度戰略價值的科技供應鏈在地化，美國也已經意識到建立一個去中國化供應鏈的重要性（在此需要注意，美國建立去中化的供應鏈，不等於美國不再與中國貿易，而

---

13 Craig Addison, 2021. "Is China a sucker for spending billions on foreign semiconductor equipment?" *South China Morning Post.* 2021.02.08; https://www.scmp.com/tech/tech-war/article/3120939/china-sucker-spending-billions-foreign-semiconductor-equipment

是建立分開的兩條供應鏈，一個有中國元素，一個沒有）。
2020 年秋季訪台的前國務次卿柯拉克，在 2019 年入閣後，就
在構思如何降低美國對中國供應鏈的依賴，很快地，2020 年
3 月，美國就宣布成立「經濟繁榮網路」（Economic Prosperity
Network, EPN）。該政策的主要目的是聚集志同道合（like-
minded）的國家、企業、機構與公民社會，以一套重視透明、
平等、問責、尊重主權、尊重人權的共同信任原則，促進全方
位的經濟合作，包括投資、能源、研發、創新、教育等領域，
因此「經濟繁榮網路」也是國務院與商務部、能源部等多門跨
界合作的計畫。

　　「經濟繁榮網路」的立意明顯是針對中國而建立的印太地
區戰略，涵蓋的都是近期與中國有糾紛的國家，包括澳洲、印
度、日本、紐西蘭、南韓、越南等。由於「經濟繁榮網路」正
是由柯拉克籌建，2020 年他訪台時引起許多關注，許多人期
望台灣也能加入。該計畫是在川普政府執政時提出的，但同樣
的概念依舊被拜登採納，甚至成為競選政策之一。台灣雖然目
前尚未獲得首肯，但已經有不少學者提出應該讓台灣成為「經
濟繁榮網路」的一員，這也是我們相當期盼的走向。

　　至於另一項技術的供應鏈重組，台灣則已確認加入其中
了，那就是當今世界最重要科技之一——5G 網絡！在今天，
舉凡網路、雲端、數據分析、5G 技術，全都與電信商息息相
關，若電信商聽從中國或其他集權政府的指示，在通信設備開
後門，允許個資、數據被不當取得、言論在無形中被審查，那

將是民主的崩壞。正如同時任 AIT 處長酈英傑所形容的，此舉將讓「信任無從存在」。為此，2020 年 8 月，美國推出「5G 乾淨網絡計畫」（The Clean Network），要在通訊科技上加強與民主國家的合作，降低來自中國的不可控因素，而處在高戰略地位且在半導體產業占有一席之地的台灣，當然也是其中的重要角色。美國委託美國智庫戰略暨國際研究中心評估電信商，在全球 27 家 5G 乾淨網路名單中，台灣五大電信業者全數入列；美國、台灣再加上日本，三方一同打造去中的 5G 網路系統，確保技術系統可信賴，進而促進國家安全。當大家聚焦在國務次卿柯拉克的旋風來訪時，同一時間台灣駐美代表高碩泰在華府，已和美國在台協會總部簽署了「台美基礎建設融資與市場合作架構」備忘錄、5G 合作宣言，以及讓台灣加入「5G 乾淨網路」的多項文件。

　　和「經濟繁榮網路」一樣，「5G 乾淨網絡計畫」受到美國跨黨派的支持，就連時常與川普總統意見相左的眾議院議長裴洛西也呼應、支持不讓 5G 受到「反民主」政府（anti-democratic government）的控制。到了拜登時期，確保 5G 產業不受到中國滲透也是重要的印太政策之一。另外，值得一提的是，不僅美國，2020 年 8 月，澳洲與印度也在日本的倡議下，提出「供應鏈韌性倡議」（Supply Chain Resilience Initiative），因此針對中國的典範轉移（改變對中國的態度，提防中國的滲透，不再將中國視為合作夥伴）其實並不只發生在美國，其他民主國家也有同樣的情況，而當全球多國都進行

典範轉移時，台灣過去這段時間以來堅持的民主價值，加上自身的科技實力，遂讓台灣成了其他國家在戰略上的重要盟友。

掌握戰略優勢成為重要槓桿

　　長久以來，「石油」是國家財富的象徵、各國的戰略物資，更是牽動全球經濟與地緣政治的關鍵。和其他國家一樣，美國也仰賴中東國家供應石油。1973 年以色列與阿拉伯國家開戰，阿拉伯產油國因為歐美支持以色列，對歐美實施石油禁運時，美國油價在幾個月內漲了四成，加油站總是擠著大排長龍的車子等著囤油，台灣也備受波及，從衛生紙、肥皂到味精，各種民生必需品的價格都大漲。縱使度過了短期的經濟威脅，美國卻因為石油，長期深陷中東複雜的政治角力。然而，隨著服務業的崛起、美國頁岩油技術的革命，以及新興能源的開發，石油的需求和重要性大幅降低。根據麥肯錫的計算，石油與經濟成長相關性從 2007 年的 0.8，降到今天的 0.3，美國也成了自給自足的石油國，不僅能確保國家安全和供應鏈的安全，還能在國際議題上取得更多談判籌碼。

　　如今，半導體技術成了這個世代的石油，是左右全球經濟的關鍵型戰略物資，而台灣就擁有全球最高端的技術和生產力。

　　如果以中東的石油產業作為台灣的半導體產業的前車之鑑，我們需要思考的，是如何讓台灣持續擁有重要產業的優勢，以及如何發展、推動除了半導體業之外的另一個產業的國

際優勢。身為一個台灣人，我們經常被教導我們的國家很小、比不上其他人，或者是我們的國家很弱、贏不了其他國人，然而若看看數據，其實台灣一點都不小：台灣面積與荷蘭、瑞士相當，人口相當於澳洲，經濟生產總值超過瑞典，人均所得超過阿拉伯國家，購買力平價超過德國，環球軍力（GFP）相當於加拿大，軍力強度指數還超過以色列，外匯存底超過香港與印度，還是英國的 2.5 倍。[14]

對台灣來說，「小」或「少」從來都不是問題，重要的是我們的產品或商業模式有沒有找到在國際上的不可取代性和重要性？雖然台灣的發展面臨著很多挑戰，但我們已經打下了許多良好的基礎，而且不只是在高科技電子產品，在其他方面也處處可見台灣科技的痕跡，例如：拜登就職典禮時，因一張坐在椅子上取暖的照片爆紅的參議員桑德斯，他穿的禦寒外套就是台灣的科技布料做的；美國波音公司的飛機也是用台灣生產的螺絲。[15] 另外，台灣成功的民主轉型典範以及高度發展的民主人權價值，也讓台灣成為美國重要的盟友。

綜上所述，台灣其實一點都不弱小，我們也不是任人擺布的棋子，而是能夠影響世界脈動的「重要槓桿」！

---

14 部長與部長的部屋，〈一個澳門人眼中的台灣：軍力比以色列強、GDP 比瑞典高……為什麼台灣人總是看扁自己？〉，《今周刊》，2019.07.05。https://www.businesstoday.com.tw/article/category/80407/post/201907050025/

15 天下編輯部整理，〈全球扣件王國台灣，如何把 20 元螺絲變成 3500 元？〉，《天下雜誌》，2020.01.14：https://www.cw.com.tw/article/5098627?template=transformers。

第十一章

南海爭議與美中角力

2020年6月，中國學術機構「中國南海研究院」發布《2020美國在亞太地區的軍力報告》細數美國在南海的軍事部署，稱美國侵犯中國在西沙、南沙群島的領海，並且指控美國是南海及亞太地區和平的攪局者。不到一個月後，美國國務院發表《美國對南海各國領土主張的立場》（U.S. position on maritime claims in the South China Sea），直指「北京以恐嚇方式削弱東南亞南海海域各國的主權權利，霸凌強奪他們的海洋資源」，並重申《聯合國海洋法公約》（以下簡稱《公約》）和「南海仲裁案」的裁決，強調中國在此區域行為的不正當性。美中兩大強權間的一來一往顯示了南海地區的緊張，同時也凸顯著南海的重要性。不過，南海到底為什麼如此重要，引起兩大強權針鋒相對？

南海：經濟國貿、自然資源與戰略地位的必爭之地

　　南海是個位於東南亞，被中國、台灣、菲律賓群島、馬來群島以及中南半島環繞的半封閉海域，面積大約為 350 萬平方公里，接近台灣的一百倍大，涵括數百個島嶼和島礁，不過，這些島（更準確來說，大部分應稱作是「礁」）大部分位於西沙和南沙群島，且幾乎都不宜居住。[16]國際上，媒體多以「南中國海」（South China Sea）稱呼南海；越南因南海所在的位置在其東邊而將它稱為「東海」；菲律賓則在 2012 年南海爭議升溫後將它命名為「西菲律賓海」。[17]

　　美國能源資訊管理局（Energy Information Administration）2013 年的調查報告，[18]指出南海具有巨大的戰略和政治重要性，其中背後的原因包含了經貿、自然資源以及戰略地位三個方面。首先，在經貿位置上，南海無疑是世界上最重要的貿易路線之一：一路從北邊的台灣海峽至南邊的麻六甲海峽，南海區域內的國家包括汶萊、柬埔寨、中國、印尼、馬來西亞、菲律賓、新加坡、台灣、泰國和越南，全世界約有三分之一的海

16 朱明，〈南海諸島　主權複雜〉，《風傳媒》，2014.02.17：https://www.storm.mg/article/21882。

17 何哲欣、陳郁仁、蘇聖怡，〈菲搶南海 改名「西菲律賓海」〉，《蘋果日報》，2012.9.13：https://tw.appledaily.com/headline/20120913/H4E7VNZVYXTMTPYB5WEQ2VH4JM/。

18 "SOUTH CHINA SEA." U.S. Energy Information Administration. 2013. https://www.eia.gov/international/analysis/regions-of-interest/South_China_Sea

運路線行經南海，同時南海也是周邊國家（例如日本、南韓）出口燃料能源的重要水路（世界40%的液化石油氣經由南海運送）、創造了至少每年三兆美金的貿易額——這些皆讓南海成為印太地區重要的經濟命脈。

　　自然資源方面，南海除了蘊藏錳、銅、鎳、鈷、鈦、錫、鑽石等戰略礦物（strategic mineral），還是重要的漁場，漁獲量約占全球的10%，[19] 全球有超過一半的捕魚船隻流連在此、餵養著數百萬人；南海至少蘊藏110億桶的原油儲量和190兆立方英尺的天然氣。至於戰略地位，美國早在加入二戰前，就已經將南海列為關鍵性戰略目標，因為當時的南海正作為日本在東亞大陸攻城掠地的後勤支援海上公路。[20] 到了今天，南海的戰略關鍵性不減反增，南海區域的穩定也因美國與其盟友出現了強力的競爭對手而出現了變數。對美國而言，在南海部署軍力、確保美國在南海的地位，是美國對太平洋盟友的安全承諾，同時也確立美國能繼續延續、主導她所建立的國際規則（尤其是美國對「自由航行」的捍衛）。而對於中國來說，擴大對南海的控制除了與地緣政治權力相關，更是中國在亞洲軍事實力與國際地位的展現。

---

19 胡敏遠，〈中美南海議題之競合——中國追求「新型大國關係」的挑戰〉，《遠景基金會季刊》，第19卷第1期：712018：https://www.pf.org.tw/files/5967/6A541744-22DE-42A0-ABF2-9C70E071A63E.

20 James G. Stavridis, 2017. *Sea Power: The History and Geopolitics of the World's Oceans*. Penguin.

　　中國在南海區域的野心可以從親中媒體觀察。2020 年 3 月，中資媒體《多維新聞》發布一篇題為〈解碼中國戰略核潛艇南海「堡壘海區」中美水下較量無聲〉的文章便指出，[21]「南海中部的海盆水深 3,400 至 4,600 公尺，非常適合彈道導彈核潛艇這樣的大型潛艇活動」。中國在南海的戰略目標是要效法蘇聯建立「堡壘海區」將南海打造成彈道導彈核潛艇發射陣地，「中國對西沙群島、中沙群島的控制以及南沙群島的填海造地陸」，正是為了加大對南海海盆的控制。

　　重要的經貿位置、豐富的自然資源，以及關鍵的戰略地位，讓南海成為國家競相爭搶之地，而大量航行的船隻、糾結的歷史，以及國際法與地緣政治的問題，使得南海的衝突不斷。例如，2014 年中國在西沙群島附近部署鑽油平台引發越南與中國船隻衝撞；2015 年，菲律賓抗議中國海警船在黃岩島衝撞三艘菲律賓漁船；2018 年，美國軍艦狄卡特號（USS Decatur）在執行任務時，遭中國「蘭州號」攔截並差點撞上；2019 年，菲律賓的漁船在禮樂灘（中菲皆主張對其有主權）遭中國船隻撞沉；2020 年，中國海警船衝撞越南漁船並搶奪其漁獲和捕魚裝備——諸如此類的撞船事件族繁不及備載。而如今的南海現況，仍然相當的棘手複雜。

---

21 荏苒，〈解碼中國戰略核潛艇南海「堡壘海區」，中美水下較量無聲〉，多維新聞，2020。

多國聲索的南海諸島

南海諸島聲索國。（參考資料：BBC 新聞網）

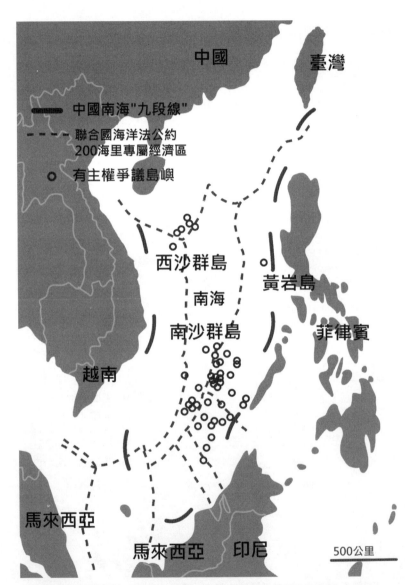

南海諸島和周邊國家的專屬經濟區。（參考資料：《聯合報》）

　　南海從北到南分為東沙、西沙、中沙和南沙四個群島。《公約》規範了領海基線向外的12海里是一國領海主權的範圍，200海里則是「專屬經濟區」（exclusive economic zone，以下簡稱 EEZ）。而公海則是領海、EEZ、群島國群島水域之外的全部海域。沿海國對 EEZ 內的自然資源享有主權和管轄權，其他國家在此區域捕撈、索取天然資源需取得沿海國的同意，但能夠擁有航行與飛越的自由。

　　首先[22]介紹東沙群島（Pratas Islands）。東沙群島由東沙島及東沙環礁、南衛灘及北衛灘組成，僅有東沙島是「島」。中國和台灣都聲稱對東沙有主權，但目前東沙島是由我國實質管轄，上面除了有「南海屏障」的立碑，還設有機場、氣象台等設施，台灣也派駐大約五百位海軍陸戰隊隊員在島上駐守。東沙島因為位於太平洋通過巴士海峽進入南海的入口，在戰略地位上有一定的重要性。不過東沙島因為地形平坦，而有「易攻難守」的特性，這點也引來不少專家的擔心。

　　西沙群島（Paracel Islands）主要由永樂群島和永興島組成，[23]台灣、中國和越南都聲稱對西沙群島有主權，不過西沙群島實際上由中國所控制。中國不僅在西沙群島填海造陸，更在2020年4月時將西沙群島歸入海南省的三沙市管轄，引起越南的抗議（越南稱有西沙群島的主權，且同年4月初兩艘漁船才

22　以下各島資料參考自：https://www.storm.mg/article/140841。
23　永興島為宣德群島一部分。

遭中國撞沉）。[24] 從 2020 年 7 月的衛星照片可發現，中國疑似在永興島上停有八架殲 -11 戰鬥機，在此之前，中國更已在永興島上部署了地對空飛彈。

中沙群島（Macclesfield Bank），台灣、中國和菲律賓皆是聲索國（claimant state），也就是聲稱有其主權的國家。中沙群島中最受關注的莫過於黃岩島（Scarborough Shoal），菲律賓曾在 2012 年 4 月以違反漁業規範為由準備拘捕在黃岩島的中國漁船，並隨後與中國執法船在該海域對峙，但最後仍由中國取得控制權。也因此，菲律賓在 2014 年將此爭議提交國際法庭仲裁，也就是著名的「南海仲裁案」。

最後是南沙群島（Spratly Islands），也是南海中爭議最多、形勢最複雜的區域，共有 750 個以上的島礁，主要由美濟礁、渚碧礁、永暑礁和太平島等島礁組成。南沙群島的聲索國多達七國，包括台灣、中國、越南、菲律賓、馬來西亞、汶萊和印尼。其中最大的太平島由台灣控制，上面有一條機場跑道、太陽能設施還有軍隊駐紮。中國實際控制永暑礁、渚碧礁和美濟礁等島礁，並於上面填海造陸（自 2013 年以來，中國已建造 3,200 英畝以上的人造土地）、[25] 駐紮軍隊，在永暑礁上甚至還有軍營超市，[26] 而美濟礁因為部署了全新的雷達設施而引

---

24 〈南海風波再起：中國在三沙市設行政區，越南抗議，美軍演習〉，BBC 中文網，2020.04.23：https://www.bbc.com/zhongwen/trad/world-52382529。

25 https://www.cfr.org/global-conflict-tracker/conflict/territorial-disputes-south-china-sea

26 美國智庫「外交關係委員會」的「全球衝突追蹤」計畫（Global Conflict Tracker）：https://news.ltn.com.tw/news/world/breakingnews/3418742。

來對中國「全面軍事化」島礁的疑慮。[27] 其他國家如越南在南威島有駐軍和廟宇；菲律賓在中業島有駐軍和機場商店；馬來西亞則在彈丸礁上建有觀光飯店和機場跑道；汶萊跟印尼則未實質控制任何島礁，但汶萊主張擁有南通礁和曾母暗沙主權。

　　從上述情況，我們可以看到南海主權聲索的複雜，而該區域的沿岸國家，以及二戰時期在太平洋打下勢力的美國，都對南海採不同的立場。而如今在美中對抗的現況下，南海情勢可大致被形容為：「中國九段線」與「美國自由航行」立場的相互挑戰，以及台灣在內的小國家在其中的發展。在接下來的章節，我們會以這樣的脈絡，更近一步地討論南海議題。

中國南海九段線：都是U的問題

　　中華人民共和國在此區域聲稱的範圍稱為「九段線」（nine-dash line）。所謂的「九段線」涵蓋了90%的南海，根據中國的說法，中國對九段線內的主權是基於「歷史性權利」。這段歷史的起源，正是1947年中華民國政府在中國大陸公告的「南海諸島位置圖」中所標出的「十一段線」，這也是為什麼我國也同樣主張對這四個群島的主權，且起初的十一段線甚至比九段線涵蓋範圍更廣，圍住了南海絕大部分的島嶼與礁

---

27 〈衛星圖片「顯示美濟礁新變化」中國被指推進「完全軍事基地化」〉，BBC中文網，2021.2.25：https://www.bbc.com/zhongwen/trad/chinese-news-56198339。

岩。由於其形狀類似於英文的「U」，又有人將其稱為「U型線」。

　　直接在地圖上畫線作為主權宣示是相當粗略且具爭議的方式，不過當時並沒有國際認可的《公約》，周邊的國家除了菲律賓外，也都尚未獨立，海上邊界更不是國際高度關注的議題，因此中華民國政府的十一段線就這樣被記載在地圖上。隨後，中華人民共和國政府繼承了中華民國的十一段線並移除了位於東京灣的兩條線，成為現在的九段線。到了1982年，聯合國通過《公約》，完整定義「群島」、「專屬經濟區」，以及爭端仲裁的規定。這個時候再回頭看中國的九段線，其覆蓋了汶萊、印尼、馬來西亞和越南依據《公約》所擁有的EEZ，但中國堅持以歷史權利主張的九段線主權，因此讓周邊各國十分不滿。

　　以黃岩島的爭議為例，中國認為根據其「歷史性權利」因此對在九段線內的黃岩島具有主權。不過從菲律賓的角度來看，菲律賓在獨立時就已在黃岩島行使管轄權，而且根據《公約》，黃岩島位於菲律賓200海里的EEZ內，菲律賓理當對黃岩島享有專屬經濟區應有的權利，所以中國當初在此區域強行執法，明顯已侵害到菲律賓的權利。2016年南海仲裁案的國際常設仲裁法院則認為，中國沒有證據能證明它在歷史上對九段線內的南海島礁行使單獨有效的控制，而且在《公約》之前，各國領海之外的南海海域屬於公海的一部分，因此中國過去在南海航行和捕魚，反映的是公海的自由而不是歷史性權利

的行使，於是裁定中國並沒有主張對九段線內的資源享有歷史性權利的法律基礎。越南也在 2019 年時，將印有中國九段線地圖的產品銷毀。此外，在瑞典服飾品牌「H&M」於「2021年的新疆棉事件」後，更改被中國人舉報的官網地圖，將原本未劃入的南海劃入中國的領土範圍後，越南民眾更揚言抵制H&M 的衣服。

除了主權的主張，中國也在南海部署軍力、建造人工島和軍事基地（見頁 268）。為了制衡中國的擴張，美國自 2015年起，也就是中國在南海大規模填海造陸和搭建設施被揭露後，開始公開地在南海執行「自由航行任務」（Freedom of Navigation Operations，簡稱 FONOPs），宣示海洋政策立場。

美國自由航行任務與國際秩序

「自由航行任務」是美國長期以來堅守的海洋政策，也是美國的核心國家利益之一，不會受到政黨輪替影響。美國執行這樣的自由航行任務，也可以視為美國做為一個全球最強霸權國家的象徵，因為要能夠確保航行自由，背後需要軍力投射能力，畢竟也沒有哪個國家有辦法像美國一樣，動不動就把航母與戰鬥群開到世界各個角落。從 1979 年起，「自由航行任務」就由國防部和國務院共同執行，目的是在確保航行及飛行自由不會受到爭議領土或海盜行為等因素影響，例如：不符合國際法規範的海域和空域主張，以及對上述兩區域航行自由的過度

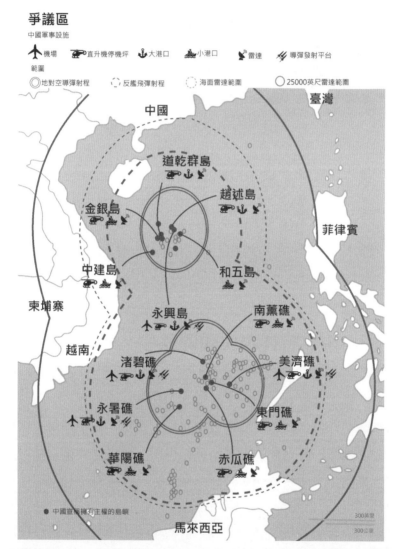

美國國會報告開宗明義就指出中國在南沙群島的建島、建造軍事基地，擴大
在南海的控制。報告中也提到越南也在南海造島、建軍事設施，但規模難以
與中國相比。（參考資料："U.S.-China Strategic Competition in South and East
China Seas: Background and Issues for Congress"）

限制。換句話說，「自由航行任務」範圍擴及全球，並非針對中國，任何可能威脅現行國際公約的行為者，都是美國自由航行任務的制衡對象。由於中國在南海的擴張頻頻，美國在南海的「自由航行任務」目標包括確保南海不會軍事化、受到中共控制。另外，確保台灣海峽不會成為中共的內水，也是重要的考量點。

美國軍艦在南海執行「自由航行任務」時，以「無害通過權」挑戰沿海國對海洋主權的過度主張（excessive maritime claims），然而在「無害通過權」的適用範圍上，美國以及大多的海權國家，和中國有不同的立場。《公約》指出，所有船舶（all ships）均享有通過領海（海岸線外延伸 12 海里）的權利，不過必須符合第十八條「通過」及第十九條的「無害通過」規範。簡單來說，就是船隻的「通過」必須繼續不停地前進且不能進入一國的內水（海岸線以內的陸地水域）；「無害通過」則是外國船舶不能威脅沿海國主權、領土完整，而且必須遵守沿海國的相關規範等，意即不損害沿海國的和平和良好秩序。不過，《公約》中並沒有明言指出「軍艦」（而非船舶）通行一國領海時是否需要事先通知，只有在第三十條提到：軍艦必須遵守沿海國規範，否則沿海國可以立即要求該軍艦離開。而針對軍艦的「無害通過權」，一般的海權國家（最明顯的就是美國與英國）認為，軍艦在領海既享有無害通過權，也不需向沿海國報備或取得授權。中國則相反，在 1992 年的《中國領海及毗連區法》中訂定軍艦不享有無害通過權，且需

取得沿海國同意或事先通知的規定；中國因此認為，美國軍艦在沒有經過其批准同意下，就擅闖其領海（例如整片南海），是嚴重侵害中國的主權。

　　從公開的資料來看，美國在 2015 年首次針對中國在南海的行為執行 FONOP 起，針對中國的任務次數分別是 2015 年 1 次、2016 年 3 次、2017 年 4 次、2018 年 6 次、2019 年 8 次、2020 年 9 次；次數增加反映出美中大國之間的關係變化。除了這些公開的 FONOP 資訊外，美軍也規律地派出軍艦通過台灣海峽，光在 2020 年就通過了 13 次。美軍軍艦高頻率通過台海的情況，也延續到 2021 年。在拜登上台之後，2 月份即實行了通過台海任務。在 2021 年 2 月 4 日，第七艦隊發出公告表示：「馬侃艦航行通過台灣海峽，展現美國對印太地區自由、開放的承諾；美軍將在國際法許可範圍內，持續在世界任何地點飛行、航行與執行任務。」2 月 24 日，美軍又派出了驅逐艦「柯蒂斯威爾伯號」（USS Curtis Wilbur, DDG-54），一個月內第二次通過台灣海峽。截至 7 月份，拜登政府上任六個月來，美軍艦已七度通過台灣海峽。

　　美國的「自由航行任務」一方面是威嚇中國、保護台灣安全，但另一方面，對部分的台灣人而言，是挑戰了「中華民國」的主權主張。這除了是因為台灣《外國船舶無害通過中華民國領海管理辦法》第十四條規定，外國船隻通過領海必須事先告知且受國防部全程監控，且《領海及鄰接區法》第七條也規定需先行告知，還有一個更重要的原因是，《中華民國憲

法》和中華人民共和國都宣稱南海這整片海是自己的歷史性水域，範圍還幾乎一樣，且中華民國甚至多了另兩條線，以「十一段線」為主權範圍。

台灣在南海爭端的角色

照理來說，比「九段論」覆蓋範圍更大的「中華民國十一段論」，會受到更大的批評，而台灣對南海主權主張最常見的句子，也和中國的九段線之說並無二致：

> 中華民國政府重申：無論就歷史、地理及國際法而言，南沙群島、西沙群島、中沙群島、東沙群島及其周遭海域係屬中華民國固有領土及海域，中華民國享有國際法上的權利，不容置疑。[28]

但現實是台灣在南海爭議當中的存在感頗低，甚至並非批評者的焦點。這多少與國家的行為和它的國力有關：中國在南海控制了多少的島礁，而台灣實際上只控制了東沙和太平島；中國在南海大肆填海造陸、製造人工島嶼和部署軍事設施，明顯地具有侵略性，台灣只在島上建設機場和派駐軍人；針對南

---

28 中華民國外交部：https://www.mofa.gov.tw/News_Content.aspx?n=8742DCE7A2A28761&s=49B79D301A4D6808。

海仲裁案的判決，中國除了置之不理外還變本加厲地繼續原有的爭議行為，台灣方面雖然否定南海仲裁案的太平島「不是島嶼」的裁定，但後來也僅促使 2016 年前總統馬英九登島抗議，以及發布「中華民國南海政策說帖」重申十一段線的主張。

　　簡而言之，即便十一段線為台灣南海論述的主軸，台灣的行動基本上也僅止於「聲明」而已。當然，台灣很可能不是不願意行動，而是在中華人民共和國繼承中華民國的南海主張後，早就開始在南海「攻城掠地」，後者除了在國際地位上失勢，也在南海失去先機。

　　客觀來說，台灣不是一個國際政治意義上的大國。即便將台灣放在有著美國與中國的三角關係上，這個三角也不會是等邊，因為台灣與美中兩國的權力關係根本不對等，這也是台灣的對外政策會一直受到兩岸關係、美台關係、美中關係影響的原因。將議題轉換到了南海其實也是相同的情況，只是在這方面台灣內部還存在著國家認同的問題。說白了，就是關乎以下這些問題：當時還控制全中國大陸的中華民國政府的十一段線，是否還符合現在的中華民國台灣現狀？現在台灣的南海論述是否要有所調整呢？

　　過去有台灣學者認為，[29]台灣應該在當前的局勢和南海仲裁案的依據下，放棄和中國九段線高度相當的十一段線主張，並

---

29 蕭長展，〈中國「以疫謀南海」！國際法學者宋承恩：台灣應拋棄「中華民國」南海論述〉，沃草，2020.04.29：https://musou.watchout.tw/read/ABcjjgtQhyjfUGdGlQDr。

發展自己的論述，[30] 但堅持十一段線論的也大有人在。以曾率眾登太平島的前總統馬英九為例，馬英九曾在美軍驅逐艦「羅素號」（USS Russell, DDG-59）於 2021 年 2 月 17 日執行「自由航行任務」時指出，中華民國擁有南海太平島和其他領土，領海是一國主權所及的海域，如同海上的領土，認為蔡英文政府不該忽略美軍「自由航行任務」對中華民國領海主權的侵犯。

　　馬前總統的聲明當中，認為美國得引用《公約》主張「軍艦可無害通過」但必須要申報。然而如前所述，軍艦享有無害通過權與否，仍依國家不同而有不同看法，而且《公約》當中其實並沒有明文規定。此外，馬前總統似乎也忽略了，美國挑戰台灣在南海的宣示可能才是最直接的原因之一。美國在 2020 年首次表示中國的南海領土聲索完全不合法的聲明，其實也代表了我國舊有的南海主張也將會是美國未來挑戰的目標之一。果不其然，2016 年 1 月，馬前總統登上太平島並宣示整個南海都是中華民國固有疆域後，美國國防部隨即發出新聞稿，說要挑戰中、台、越限制航行權利與自由。

　　至於美國派遣軍艦通過台灣海峽，相較南海的自由航行任務，狀況就單純許多。台灣海峽最窄處扣除兩國領海還有 46 海里，這範圍不在任何一國主權下，並無疑慮。另外，台灣海峽在地理以及功能上皆符合《公約》用於國際航行海峽的規

---

30 陳伃軒，〈南海議題 綠智庫建議三階段論述〉，《自由時報》，2015.06.03：
　　https://news.ltn.com.tw/news/focus/paper/886005。

定，理當適用「過境通行權」（限制較「無害通過權」寬鬆，但較公海的自由航行嚴格）。但在美國的認知下，台灣海峽為國際海域中的公海，因此美國派軍艦或軍機行使的是公海的航行和飛越自由（美國並非《公約》締約國）。一般來說，美國派遣軍艦通過台灣海峽，除了進一步宣揚公海的航行自由外，也應是在向中國傳達台灣海峽絕不是中國的「內水」。

美中對抗下，台灣的南海論述

全球兩大強權的對抗在南海展開。2021 年起，美國持續派軍艦通過台海、駛向南海；美、日、印、澳四方會談繼續進行；美、日、澳三國在太平洋演習；美國兩大航母群在南海演習，這些都是中美對峙持續白熱化和常態化的表現。

蔡英文總統在 2021 年 2 月 9 日的公開談話，[31] 肯定美國回應印太地區安全現狀的挑戰，其中有兩層意義。一方面是將台灣放在美國印太戰略重要環節，另一方面是不再把整片南海視為我國的「固有領土」。但我們仍然需要一套整體的國際法論述，無可迴避。

過去，台灣由於「中華民國等於中國」的思維，導致我們鮮少研究官方政策是否與現今的國際法相符合，這當中最典型

---

31 〈總統召開國安高層會議 重申兩岸和平關鍵鑰匙在中國〉，中央通訊社：
　https://www.cna.com.tw/news/firstnews/202102095005.aspx。

的例子，就是南海政策和釣魚台的相關論述。根據 2020 年政治大學選舉研究中心的調查，台灣人認為自己是台灣人的比率來到史上最高的 67%，而認為自己是中國人的比率則創新低，只有 2.4%。這顯示了，對台灣人而言「中華民國等於中國」的等式不再能夠成立。除此之外，現在國際上普遍也將「中國」認知為「中華人民共和國」。若是如此，繼續抱持著過去所謂中國「歷史疆界」的觀點，是否已不合時宜？即便秉持著該觀點據理力爭，這樣的主張是否能夠合乎國際法？相信這些都是我們該思考的方向。

除了中華民國與現在中國的認同問題，台灣同時也面臨美國的壓力。正如之前寫到的，出於對國際法的不同認知，美國已聲明反對中國的九段線，想當然中華民國的十一段線之說更不可能被接受，自由航行任務便是美國用來宣示南海航行自由的具體作為，而台灣堅持十一段線也勢必得承受更多來自美國的壓力。當然，我們不用事事都聽美國的，但是就美國的自由航行任務的核心考量（限制中國擴張），何嘗不符合我國國家安全的最根本利益？不過，就實質面來說，若現在的執政黨真的決定擺棄十一段線，很可能又會招來畫地自限甚至是喪權辱國的批評，由此可見，台灣的南海立場陷入了兩難的狀況。

不論如何，身分和國族認同以及南海的論述，都是時候該好好投入心力，透過更多討論來釐清我們自己的主張。如果再繼續打模糊仗或者延續不切實際的大中國思維，可能只會為台灣設下更多融入印太戰略以及成為海洋國家的障礙。

第十二章

軍購到底在購什麼？

　　根據美國國防部 2019 年 6 月發布的《印度太平洋戰略報告》，台灣是美國在亞洲主要的合作夥伴國家之一。台灣位於環太平洋地區的第一島鏈，在防禦中國擴張方面，坐擁關鍵的戰略位置。美國提出的「印太戰略」昭示了台美兩國的外交關係將愈趨親近，而且，在拜登政府上台之後，很明顯地也是延續了這樣的戰略，例如在美國與日本於 2021 年 3 月份的會談（外交首長與國防部長二加二會談）發表的共同聲明，以及由美、日、印、澳所組成的四方安全會談（Quadrilateral Security Dialogue, QUAD）當中，都有提到印太區域的重要性。而在最近幾年，美國國會通過數項友台法案、行政部門批准多項重要對台軍售，例如 F16-V 戰機軍售案、「地表最強戰車」M1A2T 艾布蘭戰車軍售案、關鍵潛艦技術、無人機等等，在在都佐證了台美關係的重要性。

　　儘管台美關係取得了進展，並共同致力於加強台灣國防，

但美國對台軍售案卻常常受到台灣和中國媒體的攻擊，輿論的質疑也不曾少過。有許多政治人物尤其很愛在美國批准軍售案的時候，跳出來質疑美國、質疑台灣的國防政策，然而，這些攻擊與質疑的內容往往悖離事實，且會為台灣的國際關係帶來負面影響，尤其是台美關係。接下來我們將以一些常見的誤解和假消息為例，一一指出這些資訊為何錯誤。

關於軍購，我們最常聽見的謠言

首先，在軍購一事上，有一個很普遍、常見的批評，指出台灣向美國購買的各種軍備項目，都是不合常理地昂貴。例如以 2019 年獲得美方批准的 F-16V 戰機來說，有些人批評是以高出其他國家的「天價」購入。台灣國防部已經數度反駁並澄清這項謠言，並且指出軍購通常包括後勤和訓練系統等各種項目，因此直接比較各國的軍購總價是不合理的做法。撇開總價，讓我們再退一步來看，各國購入 F-16V 戰機的價格在公開資訊中都可以查到，而在近年購買 F-16V 戰機的所有國家中，台灣的購入價格非但不是「天價」，甚至可能是最低價（一架1.217 億美金）。根據國防部公布的資料，最近購買 F-16V 戰機的國家所花費的單價如下：巴林 1.89 億美金、摩洛哥 1.55億美金、保加利亞和斯洛伐克則都支付了超過 2 億美金購入F-16V 及其相關設備。綜合上述資料來看，沒有任何證據可以說台灣購買 F-16V 戰機是付了超額的錢，然而，「台灣軍購買

貴了」的謠言，卻常常會出現在各軍購案的討論當中。

　　第二，有不少針對軍售案的質疑認為，台灣是藉由購買武器向美國繳交「保護費」，且美國一直想要「敲竹槓」。事實上，如果美國純粹想藉由軍售案牟取暴利，美國政府就應該會向台灣出售最昂貴的武器系統，例如 F-35B 閃電 II 隱形戰機，賺的要比出售 F-16V 多。然而，美國一向都是在權衡印太地區的軍事平衡狀況後，才決定要出售什麼樣的武器系統給台灣。

　　2019 年 9 月美國前國家安全顧問波頓（John Bolton）解密的一份備忘錄顯示，自雷根總統時代開始，「美國對台灣提供武器的數量和質量，必須完全取決於中國所構成的威脅，無論從數量還是質量上看，台灣的防禦能力都將保持相對於中國的水準。」這是當年美國與中國簽署《八一七公報》的但書，長期以來都是美國奉行的準則。對於美國來說，軍售是透過強化盟友（例如台灣）的防衛能力，以提升其整體國家利益的一種方式（例如：美國最重要的利益就是確保一個自由且開放的印太區域，不會被特定國家的軍事擴張所影響），而非從值得信賴的盟友身上牟利。

　　第三，還有一個很常見的批評，是聲稱美國把台灣當「凱子」，把舊的、沒用的武器賣給台灣。例如，有謠言說台灣收購的 F16 系列戰機，是 20 年前的過時機型。這絕非事實，因為 F-16V 型戰機是 F16 系統最新的一代。若說美國在幾十年前賣給台灣的武器不是「最」先進的可能還有點道理，但美國售台 F-16A/B 戰機當時，主要的考量是中國人民解放軍沒有像現

在一樣的能力，並認為台灣購買舊型武器就足以自衛。此外，美軍擁有全球最頂尖的軍事科技並且不斷精進，因此，被美國「逐步淘汰」的武器系統並不代表其「過時」或「沒有用」。例如台灣在1990年代初期向美國採購了160輛M60A3戰車（1996年交付完成），雖然在當時是美國正準備將主力戰車換成新一代的M1艾布蘭戰車之時，但在當時的兩岸軍力平衡狀況來看，M60A3戰車已足夠台灣戰備所需；時至今日，世界軍事實力排名前二十五名當中的許多國家，仍在使用M60A3戰車，例如以色列、土耳其，以及巴西。中國解放軍從2000年之後開始換裝新式戰車，我國也開始向美國爭取購買有「地表最強戰車」稱號的M1艾布蘭戰車，並於2019年獲得批准。

　　雖然美國對台軍售往往歷經長時間的談判過程，且時常因中國政府的抗議而延遲、耽擱，但是台灣仍然從軍售案中獲得高效能的現代化軍事設備。從2000年以來，台灣已經獲得許多最先進的設備，包括黑鷹直升機和AH-64E阿帕契攻擊型直升機。在川普政府上台之後，除2019年確定購入的F16-V戰機和M1A2T艾布蘭戰車之外，我們還獲得了多種先進的飛彈系統；例如：列在台灣希望採購清單上的AIM-9X Block II、AGM-88B HARM、AGM-154C JSOW和FIM-92毒刺導彈。在2020年10月間的軍購案，美方甚至出售了無人機給台灣，這是美國解禁「無人機管控輸出政策」之後的首次買賣。網路論壇Dcard上就有網友整理，指出目前國軍使用的66項武器設備當中，有36項是美軍現役、9項是美國退役但他國現役，

僅有 3 項是僅由我國繼續使用的舊型裝備；另外還有 13 項軍備是由我國自產，5 項非美國軍售。從這些數字可知，「美國賣台灣沒用的舊武器」這樣的說法無法成立。

除了上述幾項針對軍售案的批評，還有人認為台灣政府購買武器是為了維持台美關係以及為了提升執政者的選舉行情，這也是一種不實說法。首先，每一項軍購計畫都是由台灣國防部評估並提出，再由美國政府進行評估、展開談判。例如：台灣軍方首次正式提議希望購買 M1A2 戰車是在 2000 年左右，提議購買 F-16 新型戰機則是在 2003 年，這些都跟短期的選舉考量完全無關，而且也經歷了數年爭取。這邊我們要特別強調，每一個軍購案都是由台灣方面提出要求、並且經過長期爭取而來的。不可能為了選舉考量，也不是如許多謠言所說的，都是美國「硬塞」。

此外，台美軍購案進行的管道與方式，和過去須經過特別批准方能放行的情況不同，目前已可經由美國的「海外軍事銷售」（Foreign Military Sales, FMS）進行，這對台灣來說當然是個正向的發展。在川普政府時期，美國處理台灣的軍購案幾乎都能一項一項分別處理，不像過去必須用特別批准的方式來「包裹出售」武器給台灣。在正常的 FMS 管道下，每一筆軍購都有較為固定的審查與交涉流程，和過去相比，較不會被長期擱置。我們可由此看到，台美關係正日益穩固、正常化，而這是建立在雙方的長期努力之上，絕非僅僅是選舉考量。

然而，雖然台美關係逐漸正常化，上述提到的針對美國對

台軍售案的錯誤謠言和批評，卻仍非常普遍，且往往在不同的軍售案時重複出現。而讓這些謠言更顯複雜的是，它們的傳播常常反映了中國發動「資訊戰」的影子，其擴散速度因此更形快速。

獨裁國家在民主國家利用假消息、假新聞影響公眾的情況日益嚴重，一般民眾較缺乏軍事相關知識和資源，無法查證這些謠言，而這就可能導致台灣公眾被資訊戰成功混淆。當我們受到假資訊蒙騙，就會進一步造成負面的政治影響。如果大家仔細分析，就會發現在這些謠言的背後，常常有人在散播「失敗主義」，認為台灣抵抗沒有用、最好不要抵抗中共，同時，這些不實謠言也會損害美國的形象，動搖美國與盟國之間的合作基礎。

如果覺得軍購議題很複雜、太過專業而難以理解的話，讓我們用一句話來總結與摘要：所有的軍售案都是由台灣方面提出要求、並且經過長期爭取而來的，因此不會有買到「不想要的」或「沒用的」武器這種事。

● 謠言的目的：散播疑美論和失敗主義

上一節說到的這些軍事相關謠言，在台灣通常都和所謂的「疑美論」一起出現，論點有以下幾大類：

（1）兩岸如果發生衝突，美軍一定不會來協防，因為要付

出的成本太高。

（2）美軍不是真心幫助台灣，所以都只賣一些沒用的武器，只想賺一筆。

（3）如果中國發動軍事行動，台灣一定守不住（失敗主義）。

（4）美國和台灣加強軍備、表達自我防衛的決心，就是在挑釁中國。

這些論點通常最後會導出來的結論，都會是台灣應該要盡力和中國保持良好的關係、盡可能去順應中國的要求，如此一來才能避免戰爭。

不過值得思考的是，當中共毫不掩飾地一再談論要武力侵略台灣，我們真的有選擇不面對的權利嗎？多聽中共的話，中共就會放棄使用武力犯台了嗎？答案很顯然是否定的。（參閱第四章關於戰略三角以及「美中等距」迷思的說明）

假設海峽兩岸真的發生戰爭，那麼最有可能觸發這一切的，就是中共發起侵略。面對這樣充滿侵略企圖的鄰國，台灣人民需做的事，也只有做好萬全的準備，並展現出不會屈服壓力的決心。如同我們遇到霸凌，當受害一方愈示弱、愈沒有信心的時候，加害者當然愈開心。

就國外智庫的研討會公開場合，以及許多「台美人」（在美台灣人）與美國政策界菁英們交流的經驗顯示，許多美國政策界的討論都會問最基本的問題：

　　台灣人到底有沒有自我防衛的決心？投入在自我防衛的資源夠不夠？

　　現在台灣各種針對美國軍售的質疑，通常都會搭配著「反正抵抗也沒用」的失敗主義氛圍，這正和中共的宣傳心戰手段互相唱和。希望本章對軍購謠言的說明與分析，有助於提高人們對假訊息的警覺心，並認知到資訊戰對我們共同的民主價值和戰略利益構成的威脅。

第十三章

丞相，起風了：川普旋風之後美國的社會[*]

2016 年《時代雜誌》年度人物毫無懸念地是甫當選美國總統的川普，不過，標題卻是〈美利堅分裂國總統〉（The President of the Divided States of America），「合眾國」（United States）成為了「分裂國」（Divided States）。在川普 2017 年 1 月份就職前，美國公共電視 PBS 也推出了同樣名稱、長達四小時的紀錄片，從歐巴馬時期開始講美國的分裂狀況。

顯然，川普的崛起是美國社會分歧之下的「產物」而非「原因」，只不過，川普執政的四年來，在他鮮明的個人風格以及從不和支持者以外的群眾對話的特色，又更加深這樣的分歧。例如，川普在上任前直接發文說《時代雜誌》跟某幾家媒體一樣都是假新聞，很快就會「死掉」，而如此和媒體對話的風格也貫穿了他整個總統任期，和媒體吵架的場面不斷上演。

---

* 本文初稿曾發表於《鏡週刊》及《菜市場政治學》。

又如，在 2020 年總統大選辯論會第二場次的結論部分，主持人問候選人說，現在社會分裂狀況嚴重，要如何跟不支持自己的人喊話？川普回答表示，不投給我的話，大家都會下地獄。「連演都不想演一下」是許多同黨人士對他的批評，但他也確實以這樣的風格，穩穩地維持住支持率，在 2020 年的大選中，催出的票數比上次競選獲得的還要多 1,000 萬票以上（從 6298.4 萬到 7421.6 萬）。

攤開大選政治版圖，大家很容易就可以看出幾個趨勢：都會區多半投民主黨，鄉村區及農業區多半投共和黨。用人口條件來區分：非裔美國人（黑人）以及女人多半投民主黨，白人多半投共和黨，尤其是教育程度比較不高的白人。這邊我們可以看到美國社會的分歧，主要是沿著經濟與種族兩個軸線來發展。

經濟贏家與輸家

美國社會的分歧第一大軸線是全球化與產業變遷。

所謂中西部五大湖區的「鐵鏽帶」（rust belt），指的是因為全球化的關係造成的產業外移，使美國原本最繁榮的工業區變成最「生鏽」的地方，百業蕭條、失業率直升，而大批的「經濟輸家」覺得自己已經被這整套體制給遺忘了，畢竟沒有人可以真正解決整個結構轉變帶來的失業問題。

傳統上，民主黨和工會的關係密切，從 1980 年代以來也

一直是站在比較反對全球化的一方，其主要理由就是擔心產業外移以及加深貧富差距，而這也是為什麼在 1990 年代討論對中國貿易關稅優惠待遇，以及 2000 年要讓中國加入世界貿易組織的時候，民主黨國會議員的反對者遠多於共和黨。勞工階層也多支持民主黨。然而，經過時間演變，民主黨早已大力地擁抱全球化和整個資本市場，推出許多吸引各種資本密集產業與高技術人才的政策，然而卻忘記了傳統製造業以及勞力密集產業的人們。

事實上，兩大黨在經濟政策上面的差別不大。雖然共和黨比民主黨更常主張自由市場機制以及去管制化，民主黨也有許多針對最低工資或勞動權益保障方面的政策主張，但實際執政方面大體上皆非常傾向所謂市場機制，各種針對財團的減稅招商措施也從來沒少過。與此同時，美國超低水準的社會福利支出，讓兩大黨在左右立場上極其相似。

對經濟輸家選民來說，在長期不受兩大黨政策關懷的狀況下，當川普開始強調製造業優先、要把工作機會帶回來的時候，這群選民很快就被吸引。川普從十幾年前尚未從政時，就強調「全球化以致許多貿易大國搶走美國工作」，他批判「傳統政治菁英把持利益」的論點，再結合最平實簡單的語言，川普於焉成為廣大勞工階級的代言人。

相對來看，在全球化下的受益族群，例如高科技產業、資本密集產業，以及工作比較不容易被取代的高知識分子們，則是愈來愈支持民主黨。有些學者把這樣的差距稱做「insider-outsider gap」[32]：受到體制保障、失業風險較低的人們，和被遺忘的勞工們，在政治態度方面的鴻溝愈來愈大。

　　值得注意的是，民主黨方面也發展出了一股政治勢力，主張用截然不同的方式來重新找回這些經濟輸家選民的信任，最主要的代表人物就是參議員桑德斯以及所謂「進步派」（progressive）的政治人物。他們走的是許多歐陸左派政黨的提升稅收及高度社會福利路線，和川普的小政府、去管制化、產業重組的方法形成強烈對比。桑德斯和川普有一個共同特色，他們都常常訴諸於對傳統政治菁英的不信任，而且也同樣獲得許多的支持，很顯然人們對於這套政黨政治運作成果的不滿由來已久。

　　2016 年美國總統大選，川普在鐵鏽帶搖擺州當中（威斯康辛、密西根、賓州等等）大多以極小的差距險勝，僅在明尼蘇達州輸了一點；而在 2020 年的大選，拜登在此區多半只能說是慘勝，川普的得票數也是有大量的成長。看起來，這些地區的選民們仍然很不確定到底哪種方式才能夠真正地把工作機會帶回來。

　　民主黨和高科技財團之間的合作關係，會讓人懷疑接下來能夠推出什麼樣的政策來打破大公司在經濟上的壟斷。透過補貼與針對高所得階級的加稅，如果未觸及到最核心的「資本利得」重分配的議題，是否能撼動這套造成貧富不均日漸失控的

---

32 目前這個詞並沒有一個通用且具共識的中文翻譯，有人會直譯為「局內人與局外人的差距」，或者意譯為「核心勞工與非核心勞工的隔閡」。

體系？目前很少看到有樂觀看待的預估出現，也就是說，在可預見的未來，經濟贏家與輸家的差距還會愈來愈大，而類似桑德斯或者川普這樣子在一左一右政策光譜上比較激進位置的主張，很可能會愈來愈受到歡迎。

身分政治與白人的憂慮

　　美國國內分歧的第二大軸線是「身分政治」，主要是價值觀念與文化的社會分歧，這部分觸動了美國長期以來種族之間各種社經條件不平等的敏感神經。

　　一方面，各種研究數據以及社會上普遍認定的狀況是：美國社會長久以來都存在深層的族群不平等。例如，非裔人士至今仍然在政治制度受到系統性的歧視對待，像是在司法的執法過程和起訴及審判過程，各方面都對黑人有顯著的偏誤。此外，幾乎所有社會和經濟指標上，比起其他族群，非裔族群都處於不利位置。

　　另一方面，白人之間瀰漫著一種即將失去人口多數組成分子的擔憂，這就會和比較傳統的、基督教核心的保守觀念結合（特別注意：此處的「保守」並非貶意，而只是意識形態的標籤稱呼）。許多人看著各種歡迎新移民、主張多元價值以及女權、人權、環保這些「新」的「自由派」價值不斷興起，開始擔憂自己信奉一輩子的價值觀被破壞。對這些信奉保守價值觀的人們來說，那些自由派以及都市裡的人們，每次談到這些價

值就像是在教訓人一樣，況且，自己一生都奉公守法、愛這片土地以及以國家為榮，為什麼自己的價值觀會突然被指責是錯的呢？他們甚至會說：那些女權和人權或其他價值觀，憑什麼「插隊」在國家政策目標之前？[33] 這種源於信仰體系和價值觀的衝突，是不同族群之間，生活方式與文化上的根本衝突。

　　美國經歷第一位非裔總統歐巴馬之後，非裔及少數族裔選民仍感失望，因為整體結構並未改善，白人之間的危機感則繼續增長。在川普之前，這樣的分歧就已經存在，而他從 2015 年參與初選以來，發言主軸常常就是強調「我群」和「他者」的不同。他為美國人民塑造出不同的對立對象，例如：把移民說成是來搶奪工作機會、造成社會負擔的威脅；把穆斯林說成恐怖分子；把增加任何社會議題的社會福利主張，都指稱為極端社會主義。川普的這些話語常有歧視之嫌，但確實喚起了各族群的危機意識。根據政治學者的研究指出，在貧富差距屢創新高的時代，這些操作群體對立的招數特別管用，而且許多群眾也大力稱讚他率直、敢講真話。經過四年任期，很多人認為川普的個人言行雖有爭議，但他總是身體力行、真的去實現自己的政策，因此 2020 年他即便選輸拜登，拿到的總選票數也超過 7,000 萬，比上次多很多。

　　不過，因為 COVID-19 疫情失控的關係，美國的種族不

---

33 參考：亞莉・霍希爾德（Arlie Russell Hochschild），《家鄉裡的異鄉人：美國右派的憤怒與哀愁》（*Strangers in Their Own Land: Anger and Mourning on the American Right*）（台北：群學出版），2020 年。

平等以及長期累積的民怨大引爆，2020 年中爆發的「黑人的命也是命」（Black Lives Matter）運動就是如此背景下的產物。後來相應而起的各種政策口號訴求（例如削減警政預算〔defund the police〕），也大大影響國會的選舉。許多人擔心政府政策「太過左傾」，讓共和黨在眾議院的選舉結果比預期中還要好，縮減了與民主黨的席次差距。在參議院方面共和黨則是差一點就能夠守住多數黨的局面，最後是以 50 席和民主黨打成平手，但因為身為議長的副總統可以加入打破僵局，因此參院多數黨為民主黨。

2020 年大選後的美國政治發展

　　以上兩條軸線的發展常常互相交織，而美國特殊的選舉制度「選舉人團制」，正好放大了光譜兩端的價值衝突，讓人數較少的經濟輸家以及白人為主的保守派選民，透過決定「搖擺州」的選舉結果，使他們具有超過其人數比例的影響力。雖說加深了對立，但美國聯邦制度也正是因為如此地平衡「州權」與「聯邦權」，才能夠長久維繫。放大較少數選民的影響力，也代表著執政者必須要花費很多心思來照顧他們的需求，不會因為他們人數比較少而置之不理。

　　拜登在競選過程以及勝選宣言當中都不斷強調，自己會是全民的總統，將會考慮所有不同族群的需求，這是新政府的重要政策目標，不過要實現這個目標，他要面對的結構改革可說

是困難重重。先是要面對民主黨與共和黨各占 50 席的參議院，而且在實際政策的推動上，本來就會面臨許多大企業的強大遊說行動，再者，自由派菁英們到底有多少意願真正去了解保守派選民的想法，還是一個未知數。2016 年川普的勝出改變了民主黨的競選策略，尤其是多投放了很多資源在中西部傳統產業為主的搖擺州，一改 2016 時認為穩操勝券而忽略搖擺州的選區經營方式。但實際上傳統菁英與非都會區之間的鴻溝仍然巨大，都會區內的貧富差距也仍然持續帶來嚴重的社會問題。

美國的民主制度設計，透過三權分立制衡，可以防止單一政治人物大權獨攬，也可以防止體制被少數人破壞。制度本身的運作是很穩固的，然而，川普在任內濫用行政命令大肆干預司法，而共和黨在參議院絕對多數的情況下無法制衡總統，更加深化了許多支持與反對者的對立。在全球化的趨勢不變，且身分認同政治議題背後牽涉到的社會與經濟制度無法根本性改變的狀況下，實在很難令人對「解決社會分歧」抱持樂觀態度。下一次，強調菁英與庶民對立、傳統制度已經完全失效的「民粹主義」，很可能將會以更大的浪潮襲捲而來。

第十四章

美國國內政治如何影響外交政策、台美關係*

　　每當美國政黨輪替，全世界都很關注美國國內政策和外交政策的走向，因為這會直接影響到世界局勢。從台灣的角度，我們該怎樣觀察美國的政策變化呢？本章將借用國際關係學者史蒂芬・沃特（Stephen Walt）的分析架構，[34] 先理解美國國內的幾種主要政治主張，再去分析各方勢力的消長狀況，據此推估接下來台美關係的幾個重點議題和戰場。這套分析架構可適用的時間點較無限制，可以幫助我們了解美國外交和軍事政策的長期演變規律，有助台灣不同光譜人士準確看待台、美、中關係的變化。

---

* 本文曾發表於《中國暨兩岸局勢雙週報》以及《端傳媒》，此處經大幅改寫、增補。

34 Stephen Walt, 2020. "The Election Is Over. The Ideological Fight Is About to Start." *Foreign Policy*. https://foreignpolicy.com/2020/11/07/the-election-is-over-the-ideological-fight-is-about-to-start.

美國國內政治的雙層賽局、四種主張

首先，國際政治一向都是「雙層賽局」（two-level game）的架構，也就是說，各國的國內政治與外交政策是相互影響的。美國的外交政策走向，除了執政者本身（例如2021年就任的拜登總統以及其國安外交團隊）的政策偏好之外，也會受到國內政治各方力量的形塑。

在美國國內政治方面，我們可以用兩個意識型態軸線，劃分出四大類主張：

第一個軸線是國家角色，可以分成「大政府」和「小政府」兩種。大政府顧名思義就是希望政府扮演積極角色，以高稅收來提升社會福利水準；小政府則是認為應該要盡量減稅、去管制化，讓市場機制去發揮。我們把國家角色軸線放在水平線，左邊是小政府（偏共和黨）、右邊是大政府（偏民主黨）。

第二個軸線是針對外交政策的看法。一方認為美國應該減少以軍事或強制的方式去干預外國事務，只要維持與他國的貿易和正常社會層面的交流就好；一方則認為美國必須積極維持軍事和安全方面的霸權角色，主動、甚至預防性地去使用政治力以及強制力執行外交政策。

接下來，我們把外交政策軸線放在垂直線，上方是自制與低調的外交政策，下方是積極主動的政策，這樣可以跟水平線的大政府小政府之分，區分出四個象限（請參照以下「美國外交及內政政策主張分類簡圖」）。

美國外交及內政政策主張分類簡圖

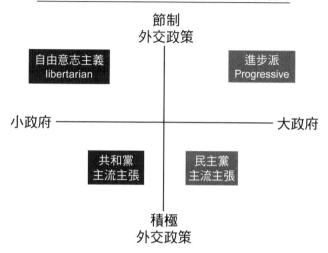

出處：改寫自Stephen Walt

　　首先來看圖表左上角的第二象限。這類主張可以稱為自由意志主義（libertarian），認為要維持小政府、同時不要在外交方面管太多。這類主張的政治人物比較少，通常是第三勢力的小黨，但不成氣候。

　　左下角的第三象限是共和黨的主流看法，也就是去管制化及低稅收的小政府，但同時主張積極的外交政策，尤其強調軍事手段的重要性。

　　民主黨主流看法在右下角的第四象限，也就是高收稅、高福利政策的大政府，配上積極的外交政策。在外交政策上面，兩大黨其實有許多相似之處，不過，跟共和黨比較不同的地方在於，

民主黨以往比較強調各種民主、人權、社會發展這些元素。

至於右上角的第一象限，則是民主黨內的進步派（progressive），以參議員桑德斯和眾議員奧卡西歐－科爾特斯（Alexandria Ocasio-Cortez, AOC）為代表。他們的大政府主張很可能比主流民主黨人更加深刻與基進（radical），而且在外交政策上認為美國需要專注在國內事務、要減少軍費和不必要的政治干預開支，主要理由是軍事和外交上的支出，會排擠國內事務所需要的資源。

勢力變化：共和黨、民主黨兩大黨主流重新合作？

川普的立場可以說是介於第二和第三象限之間。他常說美國要從許多地方撤軍，外交政策看似低調，但多數時候他的立場還是比較貼近主流共和黨的主張。跟主流派最大的不同在於，川普揚棄了兩大黨對於國際建制（international regimes）[35]的看法，認為這些國際建制效果有限，因此採取「雙邊模式」的外交政策（bilateral，通常是美國跟另個國家兩兩來談），在許多層面上仍然主動出擊。

---

35 國際建制意指國際關係中的一整套規則或者架構，舉例來說，一系列的國際法（例如人權公約）、相關的規則（rules）與規範（norms），以及國際組織（例如聯合國人權理事會以及各個投入人權議題的國際組織）所構成的架構，即為國際人權建制（human rights regimes）。

2020 年美國大選之後，國會方面，兩院都由民主黨取得多數，但多數優勢都不明顯。眾議院方面，民主黨保有眾議院多數但席次稍有下降；參議院的兩大黨席次形成 50:50 的局面；因為兩黨平手時，身為議長的副總統可以加入投票，因此由民主黨取得多數黨的資格，可以安排各委員會的時程。

我們可以根據以上的情況推估拜登政府上台後一段時間內的走向。

接下來最主要的一個變化應該在於，美國兩大黨的主流派將有很大的合作空間。其實一直以來，在外交政策方面兩大黨的主流看法很類似，都是主張美國要積極維持國際上的領導角色，透過各種國際組織、國際建制、多方機制來維持國際秩序。拜登本人也多次強調多邊機制十分重要，以及修復盟友關係，所以接下來勢必會改變川普時代以雙邊會談為主的外交手段。實際上，拜登團隊上任以來可說是致力於實踐這樣的原則，我們可以看到像是四方安全對話（QUAD）和美歐之間的許多對話機制安排，同時他的團隊也強調國際組織的重要性，積極地展現美國在國際事務中的領導角色。

這當中最值得關注的是在民主黨內的權力變化。川普的崛起和桑德斯這些進步派的崛起是一體兩面，主要支持者都是對全球化不滿的「經濟輸家」選民，再加上普遍不信任政治制度、覺得自己長期受忽視的選民們。不過，進步派和川普對於經濟困境的解方完全相反，他們認為美國應該走歐洲國家的高稅收、高福利制度，並配合政府主動的經濟投資計畫帶動經濟

成長。同時，他們也極力為許多人權、環保、平等議題爭取權
利、發聲；這股勢力在民主黨內成長快速。

　　在美國大選前就已經有不少文章指出，美國的進步派以往
關注國內議題，但近來在外交政策方面愈來愈頻繁發聲。由於
進步派在大選時相當積極支持拜登（相對於四年前，當時進步
派並不支持希拉蕊，這也是她選輸的原因之一），他們也希望
拜登拿出誠意回應各種政策目標；減少軍事預算就是其中一個
重點。

　　然而，2020 年大選參、眾兩院、民主黨都選得不好，因
此短時間內，以 AOC 等人為中心的「Squad 議員組合」[36]，尚無
法完全主導黨內議題走向。畢竟民主黨在參議院仍然需要和共
和黨合作，不可能推出太多鮮明立場的進步派法案。從拜登政
府的人事任命安排也可以看出，拜登初期任命的人選沒有太多
進步派人士，走的路線偏謹慎、傳統。

　　進步派的受歡迎程度和聲量都非常高，常常占據媒體版
面，對於黨內中間派的批評也不少，在可見的未來，由於貧富
差距以及種族歧視等問題難解，我們可以預期進步派的聲量會
繼續增強，民主黨內的路線之爭將會變得更加明顯、浮上檯
面。而在外交政策上首當其衝的，就是關於美國在海外的軍事
干預、軍事基地配置與資源分配的問題，預期將會有很多爭

---

36 四名民主黨女性少數族裔議員：非洲裔的 Ayanna Pressley、索馬利亞裔的
Ilhan Omar、波多黎各裔的 Alexandria Ocasio-Cortez，與巴勒斯坦裔的 Rashida
Tlaib。她們以鮮明的自由派立場和新生代的活潑形象，在政壇引起旋風。

論。我們需要留意的是美國進步派主張的裁軍、減少外交干預規模等主張是否繼續發酵。若美國走向較限縮的外交政策，那麼在亞洲政策上投注的心力可能就會降低。進步派目前為止似乎甚少關注亞洲議題，但是在 2021 年 6 月的時候，參議員桑德斯投書《外交事務》，提出說美國面對中國採取競爭態勢是一件危險的事情，因為會讓兩國關係加速惡化到不可收拾的地步；後來在自由派媒體《Politico》上也出現政論文章，認為美國應該加強與中國進行合作，否則氣候變遷的問題將會惡化。這樣的觀點暫時是少數，但仍需要看它們受到討論的程度。

　　短期內跟台灣最相關的議題，應屬於跨太平洋協議（CPTPP）這類的多邊貿易組織。目前「反全球化」的聲量在美國國內的自由派和保守派仍然強大。即使 CPTPP 的目的之一很明顯是要圍堵中國，但畢竟戰略目標距離人們的生活範圍比較遙遠，民眾因此普遍把它視為一個會帶來許多經濟後果的貿易協議。拜登上台後，應該不太可能把政治資本優先花在這類多邊貿易協議上面，即使要推動，也需要很多時間。因此，短期內台灣的目標，仍然會是以雙邊貿易協議為主要談判重心，尤其與美國、日本、澳洲等國家的談判至為重要。

● 氣候優先？中國優先？

　　除了民主黨內勢力變化以及國會的平衡問題，民主黨本身強調的議題很多不同於共和黨。可以確定的是，美國在民主黨

主政下，氣候變遷、綠能、人權議題都會變得更重要，而且這些都是屬於工作層級（working level，不見得需要高曝光度以及高層級官員交流）的事務，是台灣可以加強推動雙方合作之處。這當中最重要的，就屬氣候變遷了；民主黨的外交策士和國會議員已經多次表達，這會是他們最重視的議題。

　　至於中國議題，則是目前兩大黨國會議員最具有高度共識，且是很少數具有共識的領域。在這方面，首先最主要的不變因素應是科技領域；美國對中國在科技領域採取強硬立場已經是兩黨共識，與美國的盟友合作也很合民主黨長期的路線。拜登本人曾說，他相當擔憂中國在科技領域的影響力（例如抖音），他與身邊幕僚都意識到中國在利用科技強化國家機器對社會的掌控。在這議題上，除了美國兩大黨的高度共識，我們還需要觀察五眼聯盟、美日印澳組成的 QUAD、經濟繁榮網路、禁止敏感科技出口等政策的發展方向。美國國務卿布林肯在上任前的聽證會時就已明確指出，他贊同川普政府對待中國的強硬原則；拜登團隊的重要成員也都口徑一致地表示中國對國際秩序帶來最重大的挑戰。

　　然而，民主黨有許多人認定美國最主要的敵人是俄羅斯，在對中政策上面也有主要策士曾講過會採取「鬥而不破」的模式，因此拜登政府也很可能會修正川普政府使用的各種「直接」手段。拜登主政下，對中國強硬的「鷹派」人士可能會有發揮空間，但是對中國的強硬制裁政策很可能會再經過一番爭論。而在所謂的多邊關係以及與盟友修復關係等方面，也需要

長時間的調整與討論。在拜登政府上任後的半年內，我們可以觀察到，接續了許多川普時期推出的對中國制裁措施，更確立了與中國競爭的戰略目標，從拜登政府上任以來的觀察，種種跡象顯示美國的對中政策的確具有高度延續性，整個大方向並沒有改變。當然，我們目前仍然需要持續觀察美國的對中政策後續走向。總的來說，中國在國際關係上挑戰美國的態勢並不會改變，中美關係也不可能再回到 2015 年以前那種「準盟友」的狀態了。

拜登政府上台初期會花很多時間處理疫情（書寫本篇當下〔2021 年〕美國疫情數字已比前一年還要低很多，但仍需處理疫苗接種、經濟復甦，以及變種病毒再次爆發傳染等問題），對外政策也會經過一段人事任命以及政策調整的時期。拜登總統在就職典禮上的演說，其重心就是國內政治，很明顯是要走先安內後攘外的路線。原本有不少人預估，台美關係會轉趨「低調」一些。然而，拜登政府對台灣一點都不低調，從剛上台開始，拜登政府的團隊不斷提到台灣，美國各級重要官員也都強調美國對台灣的承諾「堅定如磐石」，而且正如前面所提到的，美國開始拉攏日本、韓國、歐盟等盟友，共同來關注台灣海峽的和平穩定，將台海安全議題「國際化」。很顯然，拜登政府在台美關係及美中關係方面，都具有高度延續性。

關注美國是所有人的功課

在民主國家，政黨輪替是常態，想要知道美國的下一步，我們應該要做的事情，是去了解美國政策圈的辯論風向，以及在各方面與美國和其他理念相近的國家人士的交流情況，如此一來就能夠就大方向上知道美國政策接下來會如何發展。

如何維繫與推進和美國的關係，對許多國家來說都是需要關注與研究的重點，台灣當然也不例外，我們每一個人都有自己的功課要做。

美國兩大黨在內政上的施政方向各異，但是在外交方面的差異性比內政要小得多。就書寫此章時的情況看起來，美國和中國之間的競爭態勢並不會改變，甚至有加深的趨勢，成為了對抗的關係（請見第四章〈中美關係大轉折〉）。

每次大選完後，許多人都會很關切美國的新政策走向。例如以拜登政府來說，有些人很擔心民主黨一定會「親中」，做出對台灣不利的決策，但也有一些人很期待美中關係可以走向和緩。到底對台灣一般民眾來說，我們該怎麼樣去關注美國政策圈的動態，以及追蹤美國外交政策的發展呢？以下我們就補充一些如何了解美國各方團體關注的焦點所在，以及如何持續參與美國政策圈討論的實作方法。

● 白宮和國會中，誰與台灣有關？

上一段提到的所謂「參與美國政策圈的討論」，究竟是怎麼個參與法？該如何切入相關的討論呢？

舉個例子，在拜登上台前，台灣有一則新聞廣泛引起民眾關注：TVBS新聞台採訪拜登幕僚、哈佛大學教授艾利森（Graham Allison），他指出拜登很清楚只有「一個中國」，「沒有台灣這個獨立國家，美國不會承認台灣獨立」。許多人看到這則新聞的人因此下結論：拜登就是會大幅度親中。

事實上，民眾對該則新聞的理解與認知，是把艾利森這樣知名的學者當成政務圈的核心幕僚，或是只憑幾個片段發言就認定美國新政府親中，這些正體現了國人普遍不熟悉美國外交政策決策過程的現況。對此，華府智庫著名的兩岸關係專家葛來儀就提醒大家：「要了解拜登對台政策，建議關注權威政府發言人與官員的說法。」

要正確理解美國的對中、對台政策，首先我們必須了解到：在美國，政策圈和所謂的「學院」之間，其實有一段很大的差距，實務界和理論研究有很明顯的區別。以受TVBS訪問的學者艾利森來說，他寫的書是主修國際關係學生們的必讀書目，毫無疑問是學界的指標人物，但對於政策界來說，他個人並沒有直接的影響力。一個學者在美國政策圈有沒有影響力，要看的是他和政策圈的關係，以及和相關職位官員的關係。

艾利森最著名的論述是關於「外交決策模式」（也是主修

國際關係的學生必讀），其中就提到，外交決策往往是各個官僚之間互動之下的產物，並不是只有一兩個人（例如總統）可以自己決定的。我們在第五章提到了美國外交相關的行政機關，但在台灣和中國事務上，最直接相關的官僚體系、外交決策職位有哪些呢？以下羅列幾個：

內閣：國務卿（布林肯）、國務院亞太助卿（康達〔Daniel Kritenbrink〕）、國防部長（奧斯丁〔Lloyd Austin〕）、國防部印太事務助理部長（拉特納〔Ely Ratner〕）、主管中國事務的副助理部長（查斯〔Michael Chase〕）。

白宮方面：國安會顧問（蘇利文）、國安會副顧問—印太事務特任協調官（坎貝爾〔Kurt Campbell〕）、中國與台灣事務資深主任（羅森柏格〔Laura Rosenberger〕）、中國事務主任（杜如松〔Rush Doshi〕）、東亞暨太平洋事務主任（凱根〔Edgard Kagan〕）。

在前述這些官員以外，我們還可以優先留意擔任過這些職位的人，例如：前國防部印太助理部長薛瑞福，他在相關事務的發言通常會廣泛受到媒體引用，而且也有可能會在之後的政府當中再次就任相關職位。

除此之外，以上這些職位的幕僚長或主顧問也非常重要。例如：國務院的最重要幕僚單位是政策規劃處（Policy Planning），其中有專門負責中國事務的資深顧問（米拉〔Mira Rapp-Hooper〕），以及國防部長的幕僚長（麥格思梅〔Kelly Magsamen〕）等人，這些人都有可能直接影響政策走向。更

重要的是，在這些職位上的幕僚，若干年以後都有可能會繼續升遷，像是蘇利文與布林肯，都是循此管道培養出來的。

在智庫政策圈裡，最重要的論辯通常會在《外交事務》這個權威期刊上進行，因此此刊物可以作為觀察政策圈「風向」的重要指標。前幾段提到的重要官員們，過去也曾在《外交事務》發表自己對外交政策走向的看法，而當他們要出任官職時，媒體也會優先拿《外交事務》上的文章來檢視其立場。除了《外交事務》，還有其他許多重要的期刊也可供參考，例如《外交政策》（*Foreign Policy*）。此外，華府有許多智庫單位，這些智庫都是行政官員的人才庫，因此要理解政策圈的走向，定期關注各大智庫的文章以及研討會動態是最基本的工作；尤其是進入政府單位工作者，他們先前在智庫工作時發表的報告，就可以成為他們未來政策走向的觀察指標。

除了政策圈，還有一般人比較不熟悉的美國國會，而國會正是理解、看懂外交關係的重中之重，除了會定期舉辦聽證會討論外交政策，同時也會釋出許多調查報告。此外，國會助理亦為重要的人才培育管道，許多外交事務相關的助理或幕僚群會，未來有機會升任重要職位，例如拜登過去長期在參議院工作，因此他任用的內閣官員很多出身國會，比如新任的拜登政府貿易代表戴琪即是。

許多時候，所謂的外交工作會在與各界人士的交流過程進行。一般人有機會看到的訊息大致上都是公開的研討會、會面行程，或者是刊登在各類國關政策期刊上的論戰，然而，這

些不過是外交工作的冰山一角。實際的外交工作，有超過九成以上都是在不公開的場合進行，包括外交人員安排的各種交流（會談、拜會、餐敘等），還有草根社團的倡議與遊說活動等等。

　　政治學研究中有句經典的話是這麼說的：「外交是內政的延伸。」當我們想理解、解釋一個國家的外交政策，最好的方式是從國內政治制度以及政黨版圖變化來看，如此一來才能真正看懂、認識全貌。我們既有的認知有其極限，若不真正了解一個國家外交政策相關制度與人事運行的模式、背景，就不太可能做出正確的理解。更別提國家與國家之間的外交關係，是長久累積的成果，憑幾個人的幾句話，或是幾條資料，是不可能有精準掌握的。

共同拓展國際空間：
美國台灣觀測站行動宣言

US Taiwan Watch: 美國台灣觀測站全體成員

　　常有人問：「美國台灣觀測站？到底都是些什麼人？」甚至猜測觀測站背後有尚未浮出檯面的專業團隊操刀，但其實觀測站並不是什麼厲害的組織，也並非由菁英團隊組成。我們沒有辦公室、沒有正式的員工，更沒有大金主的支持，我們有的，只是夥伴們對推進台美關係的熱情。在組成觀測站的扁平組織中，成員橫跨 X 世代到 Z 世代，有工程師、會計師、研究政治學的學者、國際關係的研究生、幹細胞科學家、社群行銷編輯、全球衛生研究顧問，也有平凡的大學生，每個人都有自己的全職工作。我們之所以會在這裡，是因為各自在不同的階段了解到深化台美關係的重要性，因緣際會加入觀測站，共同貢獻自己的專業、時間，為拉近台美關係努力。

　　為什麼在整本書的最後才提到觀測站本身呢？正是因為觀

測站並不是這本書的主角，正在閱讀的各位讀者們才是！

　　我們相信，在民主社會中，已經不是「Government For the People」，而是「Government With the People」，公共政策與外交不再是政府官員或外交官獨有的權利和工作，身為公民，每一個人都有權利與能力搭建我們期望的未來。尤其，作為台灣的公民，在特殊的外交處境下，更需要我們一起為拓展國際空間努力。

　　對在美國的台灣人來說，我們一直希望藉由觀測站的經驗，鼓勵並讓你／妳們知道，政治、外交並不難，美國國會也沒有想像中的遙遠，只要一通電話、跨越一封 Email 的距離，就能將台灣的聲音帶進美國政治中心；對在台灣的公民，我們也想說，外交工作其實離你／妳不遠，在今天，Facebook、Instagram、Twitter、YouTube 都已經是重要的外交場域，奶茶聯盟（#MilkTeaAlliance）透過鍵盤成立，進而影響印太戰略的深化與發展，就是最好的證明。

　　在呼籲更多人投入外交的同時，觀測站更注重的是公民外交的品質，因為我們觀察到有不少非常傷害台灣的聲音在蔓延。例如：有些人主張美國一直在利用台灣；有人一直製造「台灣會被賣掉」的恐懼心理；還有人則是過度解讀台美關係的進展、對美國投射不切實的要求。這樣的訊息之所以會被民眾接受，往往是因為台美新聞的資訊傳遞效率差，以及訊息經常是片段、過度簡化，甚至斷章取義的。舉例來說，近幾年台美關係大幅提升，觀測站最常被問的，就是「台美為什麼不建

交？」倘若了解美國政治、台美關係過去的發展，以及牽扯其中的複雜因素，就會發現這個問題可沒這麼簡單。很多一味要求建交的人們，忽視了我們內部需要自行溝通、解決的問題，例如：若要與美國建交，我們要以什麼名義？中華民國？中華民國台灣？還是台灣？有些人則是把「美國不與我們建交」拿來當做美國「隨時會賣台」的立論基礎。事實上，美國也有許多安全與經濟利益要考量，例如：長期以來的政策、美中關係、整個印太戰略……等等。如果在進行外交活動時，不去考量這些關鍵，對台灣拓展的外交空間恐怕不增反減，因為外交就像是交朋友，雙方關係要提升，就必須更了解另一方的想法，並「尋求最大共同利益」，並非吆喝一聲就能進行。

「US Taiwan Watch: 美國台灣觀測站」成立的目的，正是希望弭平資訊落差和受操弄訊息對台美關係以及台灣外交的傷害。從一開始成立時專注分享美國國會的最新消息，到後來漸漸擴展「守備範圍」，並於 2019 年末把原本名稱中的「國會」拿掉。如今我們盡可能即時地分享、分析台美關係與國際動態，再加上許多美國的社會議題，這一切的努力都是希望透過促進大眾更深入了解台美關係及美國的政治與社會，以推動更好的公民外交。觀測站對台灣的公民力量非常有信心，不論是「Taiwan Can Help」的社群活動，或是在疫情期間由草根發起的防疫動能，都一再驗證台灣公民社會的強大動力。

過去，台美關係經歷許許多多的起伏，在外交人員與公民社會的努力下，好不容易走到台美關係相對在高點的今天，雖

然值得喜悅，但無論如何都還要繼續努力。觀測站真心相信，適當的解析台美關係以及其所延伸出的公民參與，是推動台美關係進展的一大動力，因此我們會繼續透過各種方式，包括持續寫文章、寫書、每週錄製 Podcast 節目、影片，以及實地的國會倡議行動……等等，藉由媒體與社群的力量拉近台美之間的距離，讓更多人了解台美關係，推更多人「入坑」，實踐我們身為國際「重要槓桿」的角色，並且走出民主力量刻畫出的路。

美國台灣觀測站的故事與成員

我們的故事

　　US Taiwan Watch: 美國台灣觀測站是由關注台美議題、促進台美關係的公民外交專案發展而來，現已成為一個非營利組織。專案始於 2017 年，原名為「美國國會台灣觀測站」，於 g0v「公民科技獎助金」提案並獲獎，由一群關心台美關係的留學生及台美人（Taiwanese Americans）提出，希望能整理、報導長年以來美國國會中提出的台灣相關法案。

　　一開始，團隊希望透過這個專案達成以下兩大目標：

（1）降低台灣人參與美國國會決策門檻。

　　　許多台灣人關心國際局勢，但礙於語言隔閡，常常不得其門而入。美國已經有公民參與政治的五花八門網站跟工具，我們希望提供一個為台灣人量身打造，可以讓人們了解、參與美國國會的平台。如此一來，可

以讓更多台灣人了解及關注法案的推動過程，也可以讓人們知道美國的政策圈動態，甚至有機會可以參與其中。

（2）提升台灣在美國外交政策決策圈的能見度。

以往台灣重大事件引發外媒報導時，採訪文章中經常出現錯誤引用或存有對台灣不正確的認識，而這也是許多人到了美國以後，才深切體會到所謂的「美國觀點」，往往不見得反映台灣的真實面。這樣的現象不只存在媒體，在美國的智庫以及外交決策圈也是如此。我們希望的是更多「台灣觀點」能夠被如實地表達、聽見，因此想要將台灣觀點帶入美國國會及媒體、智庫。

除了建構美國國會當中台灣相關法案的資料庫與網站之外，我們也在臉書上創辦粉絲專頁，分享美國國會當中的台美關係訊息。在團隊擴張的過程中，我們很幸運地認識了更多志同道合的夥伴，也漸漸擴展了「守備範圍」，關注的主題從國會擴張到行政單位，再到整個台美關係、美中關係，後來更開發出 Podcast 節目，開始經營 Instagram，還曾經舉辦實體的「工作坊」落實台美關係的「公民教育」。目前為止，我們在上述的第一個目標已經算是上了軌道，而在與美國政策圈互動的部分，則是以推特的經營和不定期的倡議活動為主。2019年，我們將「美國國會台灣觀測站」名稱當中的「國會」拿

掉，改為「美國台灣觀測站」，同時也在美國華盛頓州登記立案，成為 501(c)(3) 聯邦非營利組織。

團隊成員

理事：廖英博（香菇，軟體工程師）、許亞傑（Jerry，軟體工程師）、李大順（科技業）、孫英泰（律師）、陳方隅（政治學研究者）。

編輯團隊：楊光舜、陳方隅、許亞傑、李昱孝（青平台諮詢委員）、李可心（IORG 研究員）。

行銷與媒體總監：Harley Pan（哈利）。

社群媒體：John Avila、Daniel Cheng（鄭詠儒）、Jenny Li（李爰錚）、Jean Lin。

行政：林佳瑩（華府醫藥政策研究顧問）、黃名瑄（旅美南加會計師）、李艾嶸（美國科技業產品經理）。

財務：林奕宏（前西雅圖台灣同鄉會會長）。

《為什麼我們要在意美國？》為團隊作品，各章主筆者如下：

第一章〈眾所皆知卻罕為人知——台美外交簡史〉　李可心
第二章〈「一中」各表？——美國的「一中政策」〉　陳方隅
第三章〈美國人在想什麼？〉　陳方隅、李可心
第四章〈中美關係大轉折〉　陳方隅
第五章〈了解全球最大的政府機構〉　李可心

第六章〈美國國會決策如何影響台灣？〉　陳方隅、李昱孝

第七章〈台美關係的基石：《台灣關係法》與六項保證〉　李
　　昱孝

第八章〈重要的台美關係法案〉　李昱孝

第九章〈不可不知的「台灣連線」〉　許亞傑

第十章〈美豬來不來與科技產業鏈〉　李可心

第十一章〈南海爭議與美中角力〉　李昱孝、李可心

第十二章〈軍購到底在購什麼？〉　陳方隅

第十三章〈丞相，起風了：川普旋風之後美國的社會〉　陳方隅

第十四章〈美國國內政治如何影響外交政策、台美關係〉　陳
　　方隅

結語〈共同拓展國際空間：美國台灣觀測站行動宣言〉　李可
　　心

　　另外特別感謝 Taiwan Policy Initiative 團隊成員葉耀元、
吳冠昇、王宏恩，在第三章、第四章、第十二章予以協助。

眾聲

為什麼我們要在意美國？

從外交、制度、重大議題全面解析台美關係

2021年10月初版　　　　　　　　　　　　　　定價：新臺幣390元
2022年1月初版第二刷
有著作權・翻印必究
Printed in Taiwan.

著　　　者　US Taiwan Watch
　　　　　　美國台灣觀測站
叢書主編　黃　淑　真
校　　對　吳　美　滿
內文排版　極　　　翔
封面設計　許　晉　維

出　版　者　聯經出版事業股份有限公司　　副總編輯　陳　逸　華
地　　　址　新北市汐止區大同路一段369號1樓　總　編　輯　涂　豐　恩
叢書編輯電話　(02)86925588轉5322　總　經　理　陳　芝　宇
台北聯經書房　台北市新生南路三段94號　社　　長　羅　國　俊
電　　　話　(02)23620308　　發　行　人　林　載　爵
台中分公司　台中市北區崇德路一段198號
暨門市電話　(04)22312023
台中電子信箱　e-mail：linking2@ms42.hinet.net
郵政劃撥帳戶第0100559-3號
郵　撥　電　話　(02)23620308
印　刷　者　文聯彩色製版印刷有限公司
總　經　銷　聯合發行股份有限公司
發　行　所　新北市新店區寶橋路235巷6弄6號2樓
電　　　話　(02)29178022

行政院新聞局出版事業登記證局版臺業字第0130號

聯經網址：www.linkingbooks.com.tw
電子信箱：linking@udngroup.com

國家圖書館出版品預行編目資料

為什麼我們要在意美國？從外交、制度、重大議題
全面解析台美關係/ US Taiwan Watch美國台灣觀測站著 . 初版 .
新北市 . 聯經 . 2021年10月 . 320面 . 14.8×21公分（眾聲）
ISBN　978-957-08-6033-7（平裝）
［2022年1月初版第二刷］

1.台美關係　2.國際關係

733.292552　　　　　　　　　　　　　　　　　110015729